知っておきたい
日本の宗教とキリスト教

勝本正實［著］

いのちのことば社

はじめに・執筆の動機

神道や仏教や新宗教に満ちたこの国で、牧師をしながら比較宗教の学びをしていると、私たちが暮らしている「日本」という国の宗教の、曖昧さや包容力、したたかさや融通無碍に対して、キリスト教の異質さや独りよがりさを感じることがあります。現状においてキリスト者が人口の一パーセントというのも、不本意であっても妥当な数字だと思えます。

私たちキリスト者は、これまでの宣教において、日本という国の宗教的な精神風土や特質といった面をあまりに軽視してきたことで、空回りしてきたように思えます。ただ、日本の福音化を諦めているのではありません。まだ時間がかかりそうだということです。日本人にとってキリスト教は、「扱いにくい・小うるさい宗教」の域を脱していません。日本人離れした人が、たまたまクリスチャンになっている程度です。一般の人にとってキリスト教は、興味はあるが手を出すと面倒くさい宗教の類かと思います。何とかしてキリスト教を日本人の心情に近づけたいと願っている私にとっても、比較宗教はそのための手がかりです。

この本は、日本人の宗教への問いかけに対して、比較宗教の形式を用いて答えるキリスト教的な取り組みです。比較宗教は、幾つかの宗教をテーブルに並べながら、そこから共通性や特異性を探りつつ、日本人とはどんな宗教観を持っているのかを考えることを目指しています。福音の浸透を願う者の一人として、日本という多宗教国の根っこにある特色を見つけたいと思います。

この本は、四つのテーマから構成されています。「Ⅰ 神道、仏教、キリスト教はどんな宗教か」で三つの宗教を概観した後、「Ⅱ 宗教は、人生や世の中に起こる出来事をどう見るか」、「Ⅲ 宗教は人生をどう見るか」で、三宗教の視点を具体的に比較して見ていきます。最後の「Ⅳ 日本人の心と宗教」では、日本人の宗教観とともに、「異教の地」にある日本の教会・キリスト者の生き方のヒントを探ります。

私たちがキリスト者となる以前、何の違和感もなくなじんでいた宗教的な背景と、現在キリスト者として向き合っている日本の宗教基盤について、これからテーマごとに話を進めていきます。今、たとえキリスト者として生きていても、その影響から逃れられない日本の宗教的な風土を説明できればと願い、この書を記しましたので、あなたも一緒にお考えくださるよう期待します。

目次

I　神道、仏教、キリスト教はどんな宗教か

1　各宗教の神とはどんな存在か

それぞれの宗教で「神」という存在が語られています。しかし、その位置づけや権能は違っています。神道では「八百万《やおよろず》の神々」と称され、仏教では「神」「天」などと称され、キリスト教では「唯一の神」と称されます。同じ「神」という言葉が用いられても、各宗教での位置づけが異なるのです。そこでこれから、各宗教の中で神の権能や職能がどのように紹介されているかを学びましょう。

神道における神々とはどんな存在か

もともと神道は、「民俗宗教」あるいは「自然宗教」と呼ばれる、日本の生活から生まれた習慣・習俗が形を整えたものです。神道が成立する前の「民俗宗教」の時期において、すでに「カミ」と呼ばれる存在が信じられていました。漢字が日本に紹介されて、「神」（しん）という言葉が当てられましたが、カミという存在を昔の人がどのように理解し、敬っていたのかを知ることはできません。記録が残されていないからです。後に国学者と呼ばれる人たちが、カミを漢字で表現し、上（「うえ」の意味のカミ）、鏡（かがみのカミ）、明見（あかみのカミ）、隠り身（かくりみのカミ）、畏み（かしこみのカミ）、新芽（命を生むカミ）などと語源を説明しようとし、多くの説が出されていますが、確定には至っていません。神道において、神は天神地祇《てんじんちぎ》と呼ばれるように、天上の神と地上の神々が存在しています。そしてその神には、ニギミタマ（平和のカミ）とアラミタマ（荒ぶるカミ）が存在します。カミとして敬い仕えることで、ニギミタマとなってもらえるのです。

神には幾つかの存在（種別）があります。大きく三つに分けると、一つめは、天神地祇（古事記や日本書紀に紹介される神々）、二つめは、人間の魂（何かに優れた存在）や祖先神（氏神）、三つめは、自然に存在する神々（鳥・獣・木・草・海・山・樹霊など）です。

神道では、人間も神々に加わることができると考えます。皇祖・皇霊、靖国の神、名の知れた武将（徳川家康、織田信長など）、功労者（吉田松陰、乃木希典など）、藩公（徳川光圀、島津成彬など）、義人（二宮尊徳など）、学者（本居宣長、中江藤樹など）だけでなく、一般人の先祖もいずれは神々に加えられます。それを可能にするのが、祀《まつ》る側の供養です。

仏教における神々とはどんな存在か

仏教においても神々は存在します。仏教では神々は、最も尊い存在ではありません。仏教で最も信頼され、礼拝されるのは、仏（覚者）・如来という悟りを開いた存在であり、次に菩薩、次に明王、さらにその次が神々や諸天と呼ばれる存在です。仏や如来と呼ばれる存在は、経典の中で百仏ほどあるということです。仏教において神々は、煩悩《ぼんのう》（迷い）の中に生きる存在であるため、悟りを必要とします。

仏教の神々の中には、インドのヒンドゥー教から取り入れられた神々が存在します。帝釈天や梵天、阿修羅、夜叉、竜王、四天王、鬼子母神や不動明王などがその例とされています。これらの神々は、仏・如来に仕える神々です。お寺に行くと、中央の仏（例えば、釈迦如来、阿弥陀如来、大日如来、薬師如来、毘盧舎那仏《びるしゃなぶつ》）の両側に菩薩や明王に交じって神々が控えているのを見ることがあると思います。仏教においては、神々は人を救うことができません。人を救う仏や如来に仕えるのが、神々の役割なのです。

日本においては、奈良時代から仏教側の働きかけで、「本地垂迹説《ほんじすいじゃくせつ》」が人々に説かれ、日本の神々は仏教の仏が化身したもの（権現《ごんげん》）であるとの教えが説かれました。そのようにして、「神仏混淆（神仏習合）」と呼ばれる、日本固有のカミ信仰（神道）と外来の仏教信仰の融合が起こり、明治維新後までこの時代が続きました。そのため、日本の神々と仏は一緒だという考えが、今に至るまで信じられてきたのです。

キリスト教における神とはどんな存在か

聖書に教えられている神は、唯一の神です。つまり多神教を否定しています。多神教は人間が作り出したものであり、そのために本当の神が分からなくなってしまっていると教えます。人間によって作り出された神は、人間の欲望を満たすために、生まれては消え、消えてはまた生まれるということを繰り返し、結果として本当の神が分からなくなってしまったと語られます。このため日本では、キリスト教の神は独善的とか、調和を乱すとして、不評を買ってしまいます。キリシタンの時代も、明治以降の時代においても、キリスト教は排他的な神観によって、受け入れてもらえない状況です。

聖書の冒頭において、「はじめに神が天と地を創造された」（創世記一章一節）と記されています。ここに、神の意志による人間と世界の創造、そして神と人間の関係が宣言されています。つまり、私たち人間の側の理屈では、「自分の存在は確かだが、神の存在は分からない」ということになりますが、神の側の理屈では、「神がいるから人間も存在する」ということになります。この、人間と神のどちらが主導権を握っているのかを巡って、人間中心・主体の神道や仏教と、神中心・主体のキリスト教が対立します。そして、争いや議論が続いています。

日本において、キリスト教の福音が浸透していくうえで、人間と神の主導権争いが大きな問題となります。神道や仏教においては、神々は融通の利く存在です。人間の努力次第では、神にもなれる親しみやすい存在です。これに対して、キリスト教の神は愛の深い神であっても、神と人間の間には近づきがたい距離があります。日本人にはこれが受け入れられないのです。

2　人ははたして善人なのか悪人なのか

「人ははたして善人なのか悪人なのか」。こんな質問をすれば、返ってくる答えはだいたい予測がつきます。「そんなのどちらとも言えないよ」というものではないでしょうか。

私たちの普段の生活で起こっていることを考えると、人には善と悪の両面があるということを実感します。そして、テレビや新聞やインターネットで、知りたくもない悪い出来事・不安になる出来事が知らされます。つくづく世の中は物騒だと思わされます。良いこともたくさん起きているはずですが、注意を引かないためか、取り上げられる回数が限定されます。ショッキングな出来事のほうがアクセスしやすいようです。

日本の宗教である神道や仏教は、人間をどう見ているのか、またキリスト教はどうなのかをこれから順次見ていきましょう。

神道は人間をどう見ているか

まず神道から学びましょう。神道では人間を、「根っからの悪い人はいない」「人は腹を割って話し合えば理解し合える」と考えます。神道には、地獄もなく天国もありません。それは、人間を同類・仲間として考えているということです。ですから、どうしようもない悪人の場合は村八分扱いにして、最低限のつき合いにとどめます。「最低限のつき合い」とは、火事と葬式だけは助け合うということです。人はみんな、死んだ後に「あの世」で再び会う人たちであり、あの世でもつながっている存在だと考えます。言うまでもなく昔から殺人はありましたが、犯罪人が死刑となったのは、極悪人を除き鎌倉時代以降ということです。武士の時代になってから、命を奪うことが戦争だけではなく、日常的な悪事の処罰にも入ってきたと考えられます。平安時代以前は、いちばん重い刑が流罪となっていました。死後に恨みを買うことや、祟りを恐れる信仰がありました。

また神道では、「大祓《おおはらえ》」という、すべての人の罪けがれを取り除く儀式が執り行われてきました。今も神社では、毎年六月三十日と十二月三十一日に行っています。

このように神道では、人間理解がおおらかな立場に立っているため、善悪の判断を避けるのです。

仏教は人間をどう見ているか

仏教では、「人はみな仏性を持つが、罪業《ざいごう》や煩悩のために罪を重ねる」と人間を見ています。このために、その人に適した信仰の道として、自力を中心とした教え、他力を中心とした教え、半自力・半他力の教えが用意されています。つまり、人間は本来、気高く良い存在であるものの、様々な煩悩と罪業のために混乱し、自分を正すことができずに、苦しみもがいているのだと考えます。これを克服するためには、自分自身が悟ることを目標として難行苦行を重ねるか、すでに悟りを開いて仏となっている存在にすがるか、あるいは、自分自身もできることをしながら最終的には仏や法力に助けを受けるかしようと願います。こうした幾つかの道が備えられることで、すべての人が悟りに至る道を完成するのです。人間論に重点を置く仏教らしい、人間観察から生まれた知恵であると思います。

キリスト教は人間をどう見ているか

では、キリスト教はどのように考えるのでしょう。聖書を見ると、人は最初、神によって良きものとして創られましたが、罪を犯したことにより堕落し、もはや自分の力では回復不可能な状態となりました。その心理状態が聖書の「ローマ人への手紙」七章に記されており、「なすべき善を行わず、憎む悪を行ってしまう」と自己矛盾を語っています。キリスト教では、人が罪を犯す根源は自己中心にあると考えています。この根性が直らない限り、人は罪を犯し続けることになり、努力や心がけには限界があると考えます。そして、救い主イエス・キリストという身代わりの代価を神ご自身が用意されたので、そのキリストへの信仰のみによって人は救われると説きます。

自分を見れば、両面性に気づく

さてここで、自分自身のことを考えてみましょう。私たちは自分と長いことつき合っています。そのため自分のことは自分がよく分かっていると自負しています。普段は、「自分は良いほうの人間であって、悪人ではない」と理解していると思います。時々、自分に自信がなくなったり、自分を責めたりすることもありますが、自分を弁護して守ります。自分が大切だからです。自分の中にある善と悪は、小さい時から自覚しています。大人になっていく過程で良い人間に成長すると期待していましたが、大人はもっと醜いと知りました。知識や経験は増しますが、人格や道徳心は一進一退を繰り返します。良い音楽も感動する物語も美しい景色も、心の醜さや身勝手さを消せません。そのうち、努力の及ばない部分は諦めます。その分、良いことができればと思いますが、世の中は時間を追うごとに混迷していきます。子どもたちは自分と同じ弱点を受け継ぎ、同じような悩みを抱えます。よく考えてみると、自分は大人になっても未熟な人格と人間性を抱えています。私たちの内的成長を妨げている「何か」があるのです。

なぜ人は悪を行うのか

頭の中では「悪いことはしてはいけない、良いことをすべきだ」と分かっているのに、それをじゃまするものがあります。仏教はそれを煩悩と呼び、キリスト教はそれを自己中心と呼び、神道はそれを弱さ・未熟さと呼びます。それを解決する道が宗教によって異なってきます。どの宗教でも、「今のままでよい、多少の罪はしかたがない」とは語りません。人が悪をなす理由を説明した後に、解決の手立てを紹介します。人が求めるのはその解決の方法です。ただ、その解決のために「自分の力」をどう評価するかで、手立てが変わってきます。あくまでも本人の努力・心がけを中心としていくのか、あるいは外からの助けに重点を置くのかが鍵となります。ちょうど、具合が悪いときに本人の持つ自然治癒力を基本とするのか、薬によって治療するのか、外科手術を試みるのかといった選択に似ています。神道は自然治癒力、仏教はすべての方法、キリスト教は外科手術を推薦するでしょう。その方法は本人が決めることになります。

悪を脱するためにも宗教がある

こうした自分の人間性の自覚と解決の求めから、宗教は選択されることになります。宗教は本来、日常生活の必要に応えるものというより、自分自身の内面や人生の価値、死後のことを考えさせ、備えることに主眼があります。人間関係や病気や生活の問題から宗教に入っていくことが多いようですが、私たちは、もっと根本にある課題に心を向けて取り組むことで、その後の生き方・考え方が変わっていくのです。

人生は選択の連続であり、決断であり、出会いと別れです。自分一人で考えることもできますが、聖書による信仰の助けを得る道もあります。

3　悟りとは何か、救いとは何か

今の時代、宗教の価値や意味は影が薄くなっています。人々が求める必需品リストの中で、宗教は優先順位の低い位置にあります。それはなぜでしょう。その理由は、生活に必要なものがこの世の中にほぼそろっていること、霊的なことや見えない事柄に関心が低いことにあるのではないでしょうか。

宗教は生活必需品ではなく、嗜好品や好みの問題のレベルになってしまっています。現実の目先のこと、今のことに心が向いていて、霊的なことや死後のこと、信仰のことには気持ちが向かない、それが今の私たちの課題です。そのため、何か人生で困ったことが起きたとき、生きることに希望が見えなくなったときなどに、初めて宗教を選択肢の一つとして選ぶ人がいるという程度の状況にあります。

一般に宗教は救いや悟りを説くが、神道は違う

宗教は悟りや救いを説くのが普通です。しかし、神道は救いを説きません。その理由は、神道がもともと民俗宗教（自然宗教）に根を持っており、日常性から生まれ育った宗教だからです。長い間に築いた人々の生活習慣や価値観、人生観が土台となっています。つまり、今の人生・生活をどう過ごすかを大切にしながら、人生を肯定するという見方が前提になっているので、救いなど必要ではありません。大切にされるのは、互いの信頼や人間関係、助け合って生きることです。民俗宗教から生まれた神道では、清らかであること、明るく朗らかであること、正直であること、まごころを大切にすることが重視されています。

これらは互いに助け合って生きていくうえで必要なことです。この人生で楽しみを見出し、死んでからも仲良く暮らすことが願いとされました。ですから神道では、天国もなく地獄も語りません。あるのは「あの世」だけです。神道の考えでは、この世の暮らしの延長に死があり、死後もこの世と同じ共同体の暮らしがあると考えます。そこには家族や友達などの顔見知りの人が待っていると信じています。つまり神道は、救いを必要としない宗教だといえます。こうしたこともあって、戦前には「神道は宗教ではなく、人間としての当然のしきたり」と言われた時代がありました。

仏教の説く悟りとは何か

仏教においては、悟りこそが人生の目的・目標だと説きます。人生には苦しみや悩みが満ちています。この苦しみからの脱却を目標とするため、悟りとは「執着のない心」に至ることだとされます。それこそが苦しみから解放されるただ一つの道だと教えられます。

執着心は仏教において、煩悩や罪業の原因・根源だとされますが、現実の生活においては、欲望のない生活は死に至ることです。すべての生活の営みにおいては、欲望と執着によって頑張る意欲が湧いてきます。よって、悟ることは極めて難しいことです。自分の命を軽んじて欲を抑えれば落伍者となり、人々から、無能、無気力、落ちこぼれと酷評されるでしょう。はたして私たちにそんな生き方ができるのでしょうか。無欲な人や謙虚な人は尊敬されても、それが命の危険をもたらす場合には、どうしても自分の利益を優先せざるをえないのが現実の社会です。このため生活に支障のない範囲で、お布施を行い、善行を心がけます。仏陀のような、家族も仕事も、そして自分自身をも捨てることをいとわない生き方は、一般人には難しいと思われます。日本においては、難行の伴う仏教は避けられ、仏の慈悲に頼る仏教が主流をなしてきました。

キリスト教の説く救いとは何か

キリスト教の場合、罪と死からの解放・救いを目的とするため、救いとは、死からの復活を約束する「永遠のいのち」を得ることです。世の中には確かに苦しみが多く存在するものの、罪こそ苦しみの根源であり、罪の課題を解決することが最優先すべきことと考えます。仏教とはスタート地点から違っていることが分かります。

欲望や富については、自然なこととして受け止め、度を越したことでなければ否定はしません。ただ際限のない欲望や不当な欲については否定していることは言うまでもありません。欲望にどう対処したらよいかは、自分の努力や頑張りでは限界があり、神の助けが必要であると勧めています。欲望に対する自制は努力では難しいため、自力の可能性を放棄し、キリストの助けによって救いの道を求めるところにキリスト教の特色があります。

なお仏教の場合、どんな人でも仏性を持っていることを前提とするため、自分の努力を根本から否定することはせず、仏陀は偉大な先達者として信頼し、模範として仰ぎます。その点がキリスト教とは違っています。仏教では、自力や他力の違いはあっても、自己努力は最低限認めていますし、一人ひとりが自分に合った悟りの道を歩むことを承認しています。

悟りや救いは、その原因の中身が違う

このように、仏教においては、すべてが移り行く世の中で、変わることのない安らぎや喜びを浄土に赴くことで得ようと人々を励まし導きます。なぜならこの世の中は、苦しみに満ちた浮世・娑婆《しゃば》世界であり、すべてのものは移ろい変わっていくからです。しかし日本人は世を楽しく暮らすことを願うため、仏教の来世観とは距離を取ってきました。つまり心から信じることを避けたのです。むしろ、日本古来の「あの世」観に執着・愛着を持って今に至っています。

一方、キリスト教もこの世の中に否定的な考えを持っています。世の中に真の幸福は見出せず、どんなに世の中を良くしようとしても、改善が難しいことを教えます。この世の中は一時的な住みかであり、神のみもとこそ安らぎと幸せの場であると語ります。なぜならこの世の中は、罪のしがらみとその結果である死が支配しているからです。

このように、悟りや救いは、それらを必要とする理由やその手段・方法も異なり、悟った人や救われた人が赴くところも違っています。ここにそれぞれの宗教の独自性があります。部分的に似ていても、神道や仏教やキリスト教はそれぞれに違います。

神道、仏教、キリスト教の違いは、「人生の目的は何か」とか、「何が幸せなことか」とか、「私はどう生きればよいのか」などといった問いかけに対する答えが違うことから生じています。それこそが、今日まで互いに並行して合一しなかった、各宗教の存在意義といえるでしょう。この地上においては、「絶対にこの宗教が正しい」と証明できることはなく、並行のままです。

4　なぜ宗教が戦争の理由となるのか

戦争はいつの時代にも、どんな国にも起こってきました。今でも戦争は世界の多くの国や地域で起きています。人の貪欲があるところ、憎しみや怒りのあるところ、民族や宗教の対立があるところに、戦争はあります。人間の英知である国際連盟や国際連合があっても、戦争を食い止めることはできていません。誰しもが戦争はよくないと考えていても、戦争は起きてしまいます。かつて戦争は兵士どうしの戦いでしたが、今は市民を巻き込んでの無差別のものとなっています。

「宗教」は名目上、旗印に掲げやすく、分かりやすいため、それが理由とされて数々の戦争が起こってきました。ここでは「宗教戦争」に視点を定めて、「なぜ宗教が戦争の理由になるのか」を述べていきたいと思います。

戦争はいつも正義を振りかざす

宗教はどの宗教（神道・仏教・キリスト教）であっても、隣人愛や命の尊さを語ります。もめごとや対立を避けること、赦し合うことを諭します。敵に対しても寛容であることを説きます。それなのになぜ、世界においても過去の日本においても、宗教が当事者となる戦争が繰り返されてきたのでしょう。日本の過去を思い起こせば、蘇我氏と物部氏の争い、戦国時代の武将どうしの争いに宗教が関与したこと、キリシタンが関わった島原の乱、第二次世界大戦等をすぐに思い出すことができます。

戦争では常に、大義名分や正当性が主張されます。戦う理由を掲げ、正義は自分たちにあると主張します。決して背後にある欲や憎しみを前面には出しません。このため、神仏の加護は自分たちにあると周囲を信じさせます。宗教は一致団結するのによい手段であり、命をかけるにあたって、神仏の加護はどうしても必要でした。それはキリスト教も例外ではなく、世界の歴史を見ても、「神の名」を勝手に使って侵略と暴力を繰り返してきたことは明らかです。その時は、人の心の愛も赦しも封印されたのです。

日本でも宗教が戦争に関わってきた

私たちの国において現在は、宗教が戦争を引き起こす事態は避けられています。しかし国づくりの過程において、武将たちの戦いは武力や策略だけではなく、彼らの信じる神仏間の戦いでもありました。この戦いの最終勝者は、源氏の氏神の八幡神となり、今も日本全国で信仰を集めています。

戦争と宗教の関わりが如実に示されたのは、織田信長や豊臣秀吉、徳川家康らが経験した、敵の武将と宗教勢力が結託した極めて困難な戦いでした。比叡山延暦寺や一向宗、キリシタンとの戦いは、非常に激しいものでした。彼らは信仰に支えられて、死ぬことを恐れない強さを持っていたからです。こうした経験に基づき、徳川政権は檀家制度（寺請け制度）を導入し、寺社奉行によって宗教を管理する政策を仏教や神道に対して実施したのです。

宗教の権威と世俗の権威は、時に協力し、時に対立する

日本においては、宗教と世俗の権威は長く共存共栄を図ってきました。神道も仏教も国から保護されるのと引き換えに、国の繁栄のために貢献する役割を担ってきました。もともと宗教には、国家権力に対して干渉を嫌い、疎ましく考える自己の尊厳がありますが、それを控えてきました。それが鎌倉仏教の登場によって、一般庶民が信仰を多数持つようになり、

立ち位置が変わり始めました。親鸞や道元は、国家権力の介入を嫌い、独立・自立の自覚を持っていました。国家とは距離を取って、自分たちの信仰を自由に表現しようと願ったのです。このことは、支配階級が信仰の中心であった時代から、庶民が信仰を支えるようになった時代への大きな変化だと思います。庶民が信仰に支えられて自分たちの思いを主張するようになり、また宗教自体も誇りを取り戻したのです。

王法と仏法、世俗と聖戦

「この世の権力と宗教の権威とでは、どちらが上にあるのか」ということは、根源的な問いかけです。このことが根底にあって、武将と宗教は時に対立し、時に手を結んできました。宗教は自分たちの信仰を認めてくれる武将の側につき、敵対する者たちと戦う、それは信仰にかなっていると考えます。正しい戦いは、それが結果としてたとえ人殺しになるとしても、認められる行為だと考えたのです。つまり、聖戦という意識です。仏教の信仰では、このことを「王法と仏法」と呼びます。キリスト教では、「世俗の権力と聖戦」と考えます。この場合、たとえ人殺しとなっても、それは赦されるし、喜ばれると判断します。そのため、宗教がからむ戦争は残虐化するということが起こりました。聖書の中でも旧約聖書において、聖戦思想が記されています。読んでいて心が苦しくなるほどです。これは、神が人を用いて裁きを行った一時的な出来事です。新約聖書においては、戦争を避ける思想が強く表れています。それはイエス・キリストの十字架の忍耐と赦しに基づくものです。

政教分離の原則

多くの時代を経て、私たちの国は政教分離の原則にたどり着きました。政治・国家権力と宗教は、互いに引きつけ合って、くっつきやすい性格を持っています。このため、あえて引き離すことで、互いに利用し合うことのないように、また慣れ合いにならないように歯止めをかけることを歴史の中で学びました。互いは牽制し合い、間違った方向にそれないように、監視し合うようにしています。国はどの宗教とも公平・中立であること、そして互いに利用し合わないことが、戦争を正当化しない役割を担っています。宗教は、国をまとめ、もっともらしい理由をつけるのに利用しやすい道具となります。政教分離と言論の自由、そして信教の自由は、互いにつながり合って、共に大切な歴史の教訓から生まれた制度です。身勝手な強欲は、私たちを突き動かす強い動機となります。その欲望に、一見もっともらしい理由を提供するのが宗教なのです。

Ⅱ　宗教は、人生や世の中に起こる出来事をどう見るか

1　占いや縁起担ぎが好きな日本人

私たちには、生きていくうえで大切な希望や願いがあります。それをかなえるために、人は願かけをしてみたり、祈りをささげたりします。それと同じように、生活上の不安や迷いや悩みを解決するために、「占い」や「縁起担ぎ」をします。そうすることで、不安や心配や迷いを減らし、幸せを得ようとするのです。ですからいつの時代になっても、これらがなくなることはありません。今のような科学の時代であっても、人の心の願いは科学に影響されません。それはそれ、これはこれとして使い分けて、うまく生活に取り入れていきます。

そこで、ここでは占いと縁起担ぎについてお話しします。占いは神道・習俗の分野で、縁起担ぎは仏教の影響があります。

占いとは何か（神道の考え）

占いとは、何らかのしるしによって秘め事を知ることであり、現実のことだけでなく、未来をも予測する宗教的な儀礼を指しています。表に現れない裏（心《うら》）を照合するという意味で、「裏合い」が語源ともいわれます。占いは、この世の現象を通じて、幸・不幸の原因や将来の見通しを得ることだと考えられています。

占いには、人相学、手相、西洋占星術、方位学、十二支占い、四柱推命、姓名判断、印相法、トランプ占い、タロットカード占い、九星術、サイコロ占い、花占い、夢占い、水晶占い、筆相占い、血液型占いなどがあり、かなり多岐にわたります。

占いには、その起源において、中国の影響を受けたものも多くありますし、日本の民間から生まれたものもあります。迷信・悪信とされる部分や習俗・習慣とされる部分もあって、そのルーツによる区別が難しいのが実情です。

これらは今もなお、生活の中に根づいています。今では暦の中に、日にちや曜日、季節に関するものだけでなく、七曜や方位や運勢を表すものまで記入されていて、それを活用している人も少なくありません。テレビや雑誌やスマートフォン等でも、「今日の運勢」と称するサービスがあって、何気なく見ている人、気にしている人がいるのは、占いが生活の中に根づいている証《あか》しです。

縁起を担ぐとは何か（仏教の考え）

世の中で起こる出来事で、偶然に起こるものは何もない、というのが仏教の基本的な考えです。必ず原因があって結果が起こる、単独で何かが生じることはなく、物事の関係の中で生まれるということです。それが何なのかは、私たちには分かりません。煩悩と執着の中で生きている私たちの心が曇っているので、真理が見えないということです。このことを探るのが仏道修行です。仏教は本来、迷信や偶然を認めません。物事は縁起・因縁によって生じるからであり、それは現世のみならず、前世とのつながりにおいても起こってくると語られます。偶然ではないが、その理由は凡人には測り知れないということでしょう。私たちはその道理を受け入れ、その法則（例えば四諦八正道《したいはっしょうどう》など）に従うことで、執着・とらわれから離れるように求められます。諦めることができることによって、苦しみや悩みから解き放たれて静かな心境に至ると教えます。縁起は、迷いや執着を断ち切る処方箋です。それができないと、苦しみの中でもがくことになります。縁起の法を知ることは、悟りの境地に至る過程です。ですから「縁起を担ぐ」というのは、本来の仏教の教えから逸脱した、煩悩のなせる業《わざ》ということになります。縁起は担ぐものではなく、従うものです。

摂理と神のみこころ（キリスト教の考え）

ここでキリスト教の考えに目を移しましょう。キリスト教も基本的には仏教と同じで、偶然というものはないという立場に立ちます。たまたま・偶然ということは、私たち人間にはあっても、神の前にはないということです。神がすべてのことを知っていることを「全知」といい、すべての物事は神の配慮のもとに起こることを「摂理」と呼びます。このことから、悲しいことが起こったときなどに、「なぜ神は防がなかったのか」「なぜ神は許したのか」と問われます。世の中で残虐なことが起こり、自然災害が起こり、ごく普通に暮らしていただけの人が巻き込まれたときなどは、多くの人の心にこれらの疑問が湧き上がります。それは神が全知全能であるからです。仏教の場合は、神の介入はありませんので、問われることもありません。

摂理（神のみこころ）という概念があるため、キリスト教では占いを禁止しています。こうしたことを真似したり、放置したりしないように諭されています。占いはサタン（悪魔）の業に従うことだと考えるため、私たちの生活に入り込んでいる占いや迷信を避けるように聖書は語ります。むしろ、神に祈って、導きと助けを求めるよう勧めます。不安や願いは誰の心にもありますので、どのようにしてそれを解決・満足するかの手段が大切です。占いや迷信が満ちた日本では、意識していないと自然に引き込まれてしまいます。

過去の意味や未来を知りたいと願う心

なぜ占いや縁起担ぎのようなことが、私たちの生活に入り込んでくるのでしょう。それは、今のような合理的で科学的な社会であっても、不安や恐れや希望や欲望が途切れることなく私たちの心にあるからです。こうした心理状態に、占いや縁起担ぎは入り込みます。心から信じているわけではなく、半分は疑っているものの、それでも何かのヒントや励ましを求めます。商売をしている人、スポーツをしている人、危険な仕事をしている人、今まであまり経験のないことに当たるとき、身近に相談できる人がいないときなどに、無意識のうちに頼ってしまう便利さや魅力があります。また、過去のつらい出来事や納得できないこと、将来の漠然とした不安や期待に、応えてくれる魅力があります。

2　人生において祟りはあるか

人生がうまくいき、大きな苦労もなく穏やかに暮らせれば、それは幸せといえます。しかし人間関係が難しくなったり、自然災害に見舞われたりすると、「なぜそうなったのか」との疑問が急に湧いてきて、原因を探っていく中で、「祟《たた》りでは……」との思いが頭をかすめます。これは、日本人になじみ深い感覚でしょう。

生きている人間が起こすのが、呪いであり復讐です。また自然災害は天災と呼ばれます。そんな事態に見舞われたときには、和解や償いの供え物や、禊《みそぎ》で赦しを求めます。こうした過程を経て状況が好転すると考えました。

祟りとはどんなことか

まず、祟りとは何でしょう。神仏や霊魂などの超自然的な存在者が、人間に災いをもたらすことを意味します。では、どういうことが祟りととらえられてきたのでしょうか。病気がなかなか治らない、身に覚えのない理由で経済的な困難が襲う、争い事が収まらない、子どもを授かりたいと願っているのに与えられない、火事に見舞われる、事故に巻き込まれるなど、他の人と比べて自分や家族にのみ多く「災い」が降りかかる場合です。どこででも起こりうることなのに、なぜか頻繁に、また連続して襲いかかってくるように思えるときに、「祟り」を考えてしまいます。以前にはなかった、自分にだけ多い、理由を考えても思い当たらない、そんなときに心の奥から湧いてくる感情です。そんなとき周りの人たちは、自分ではないことにホッとしたり、同情したりします。公にはしませんが、ひそひそ話のように「祟りではないか」と広がります。

祟り信仰は平安時代に定着か

祟りの信仰は、平安時代に確立したといわれます。ちょうど天皇家や藤原氏の争いが頻発し、平将門のクーデターもあり、世情が不安定でした。しかも疫病がはやり、飢饉も起こりました。これらが何か関連し合うものと考えた権力者たちは、恐れを感じて仏教による加持祈禱を行い、非業の最期、無念の最期を遂げた人たちの供養を行い、霊を弔いました。理由の分からない不幸な出来事が、人々を慰霊・鎮魂へと駆り立てたのです。人々は、不安が取り除かれるために、何らかの犠牲や償いが必要だと考えました。仏教による慰霊・鎮魂の儀式、神道による禊・お祓《はら》いの儀式は、祟りを鎮める有効な方法と信じられてきました。

神道でいう祟りとは

神道では祟りを起こりうることとして受容しています。飢饉や自然災害、疫病などの現象として、具体的に現れると考えます。これらは祟りのしるしであり、それを鎮めるために何らかの供え物や犠牲が必要とされました。これとともに、禊祓《みそぎはらえ》が不可欠でした。こうした反省と償いにより、怒りは去り、穏やかな日々が回復されます。神々であれ、何らかの霊であれ、もののけであれ、鎮めることが必要です。そうしてこそ、人は自然や神々と共生できると理解していました。

仏教では、祟りはない

一方、仏教では祟りを認めません。仏は祟ることをしません。仏教において物事は、因果・因縁によって起こるのであり、必ず直接・間接の理由が絡み合って起こるものと理解します。よって祟りとは、無明の業であり、人間は翻弄されているのだと理解します。災いは、仏法の力を得て、仏法の功徳《くどく》によって取り除かれると理解します。加持祈禱がそのよい例です。仏教の経典の力は絶大であり、災いも、人の煩悩をも断ち切らせることができると、人々は信頼しました。

キリスト教では、祟りでなく神の裁き

キリスト教においては、祟りという考えはなく、あるのは神の裁き・神からの罰です。そこには、理由と解決があります。罪には裁きが下り、罰によって個人や集団や国自体にも悔い改めを求めます。悔い改めれば、赦しによる回復が起こります。ただし、すべての災いが裁きや罰というわけではなく、試練であるという場合もあり、人間の側にいつも理由・原因があるとは限りません。人間にとって苦しい出来事の後に、祝福が備えられることも語られています。目の前の出来事が裁き・罰なのか、試練なのかは、注意深い観察と熟慮が必要です。

日本においては、悪いことをしなくても祟りは起こるとの考えもあります。それは、幸せ

が過ぎると、他の人のねたみ・やっかみを受けるからです。ほどほどの幸せがよいとされてきました。

祟りの考えは、容易にはなくなりません。世の中に不公平や差別、不満や怒りやねたみがある限り、それを罰する手段の一つとして、祟りを期待するからです。祟りの思想には、悪いことはしないようにとの警告を発する面もあれば、人間の心の中にある、ねたみや怒りや不満が、屈折した形でガス抜きとして現れる一面もあります。自分への祟りは恐れながら、他人への祟りは心地よいとひそかに感じる心の両方が私たちのうちに横たわっているのです。今風にいえば、「他人の不幸は蜜の味」といったところです。

3　世の中の出来事への答え～自然・縁起・摂理

私たちは、毎日起こる出来事を予測することはできません。ただ、似たようなことが多く起こり、私たちも同じことを繰り返しているために、何とか適応して暮らしています。もし、毎日が目まぐるしく変化していくならば、私たちの心と体は適応できずに壊れてしまうでしょう。昨日と同じような今日があり、今日と同じような明日があるので、時に退屈はするものの、穏やかに暮らすことができます。

そうした平凡な暮らしの中で、驚くような、うろたえるような出来事が時に起こります。予定外・予想外のことが起こったときに、私たちは、「なぜ、どうして」と自分に、そして周りの人に問いかけます。どんなときにそう考えるでしょう。生命に関わる病気になった、大きな事故に巻き込まれた、経済的な困難が襲ってきた、大きな自然災害に遭遇した、身近な人が急死した、予測していなかった人間関係の争いを経験したなど、例を挙げればきりがありません。これらに対してそれぞれの宗教が与える理由は異なっています。

神道が語る世の中の出来事――自然の営み

神道では、私たちの毎日の営みは、自然の営みの一環として理解しています。太陽と月と星がめぐって年月を刻み、季節がめぐって四季の変化をもたらし、生きとし生けるものが誕生し、成長し、成熟し、老齢を迎え、やがて死に至るように、人間である私たちも自然の一員として、同じ経験を味わうと考えます。ですから人間といえども、災害や苦難や死から逃れることはできず、同じ定めの中で生きていると理解します。よって、起こってきた災難や苦しみに対して、家族や仲間が助け合って乗り越える知恵を、積極的に身につけてきました。

日本は、昔から自然災害の多い国です。台風や地震、津波や大雨、飢饉や疫病が、忘れかけた頃にやってきました。その災害に対しては黙々と耐え忍び、復旧・再興の歩みをしてきました。長い時間をかけて、自然に順応することを学びました。人的な災いや不幸、戦争や困難にも耐えることで、生き残るたくましさも身につけました。ただそうした中で、神々や霊による罰や祟り、そして人間による呪いや恨みによっても苦難は起こると考えることがありました。そんなときは、鎮魂や慰霊や償いをすることで赦しを求めることもしてきました。

人々はただ受け身的にだけ生きてきたわけではありません。積極的に願かけや占いによって、自分の人生を切り開こうともしてきました。このように人々は、神道の教えを通じて、起こってくる出来事に順応する・受容することとともに、神々や諸霊の助けを借りて人生を幸いにしようとする努力も重ねてきました。

仏教が語る世の中の出来事――縁起によって

仏教は、人の身に起こる生・老・病・死の苦しみに対する解決を見出すことからスタートしました。生まれてこなければ苦しみはありません。しかし生まれてしまえば、楽しいこともあるものの、苦しみが待っています。人生は思うようにならないものだと諦めることができず、もがき苦しみます。こうした人生や世の中に対して、こだわりや執着心を捨てることを仏教は教えます。私たちは人生の中で起こる楽しいこと・嬉しいことに、「なぜ」とは問いかけません。しかし、苦しいことには「なぜ私が、家族が」と問いかけます。人生において突然に、思いがけずに困難や苦しみが襲ってきたとき、私たちの問いかけに対する仏教の答えは、「偶然に起こる」ではなく、「すべてのことは縁起（因縁）に基づく」というものです。私たちには偶然・たまたまの出来事と見えても、仏教の教えでは、すべてのことは単独で偶然に起こるのではなく、過去・現在・未来がつながり合って起こってくるので、起こったことを受容し、その結果に従うことによって新たな道が開かれると考えます。このことは、当事者が意図的に実行するのではなく、必然的にそうなるのです。

仏教において、諦めることは消極的なことではなく、積極的な受容であり、「諦めることは、明らめること」につながります。つまり、苦しみの根っこを執着心ととらえ、それから解き放たれることを求道者に語ります。私たちの目に見えるものや五感で感じ取っているものは、すべて移り変わるものにすぎず、永遠に変わることがないと断定できるものはこの世の中に存在しないので、とらわれたり未練を持ったりしてはいけないと諭します。渇欲や悩み（煩悩）の結果としての苦しみであると理解できれば、そこから新しい生き方へと進むことができると語ります。

しかし、すべての人がいきなり執着心を捨てることができるわけではなく、仏教の法力によって、自分の願い（最終的には解脱《げだつ》）をかなえることも教えられます。つまり仏教の功徳（御仏からの恵み）であり、それによって病が治ることや幸せを得ること、苦しみから救い出されることをも教えられます。特に日本では、現世での楽しみや幸せを容認する宗教であることが強く求められ、いずれ死ぬまでの間に「はかない世を楽しむ」ことを願って仏教に頼ってくる人をも受容しています。御利益宗教としての仏教を、日本では熱望したのです。その結果として、執着から離れることを教える面と、執着を満たす面とが共存しています。多くの人がお寺に参詣するのは、解脱を求めるよりも願いをかなえてもらうための熱心さからではないでしょうか。そうした中で仏教は、人々が何かのきっかけによって執着の愚かさに気づく時を待つのです。

キリスト教が語る世の中の出来事——摂理

キリスト教においては、世の中で起きていることすべてを、神は知っている（全知）と教えられています。過去だけでなく、現在のことも未来のこともすべて知っているということです。よって、神にとって偶然ということはありません。私たちにとっては偶然・突発的な出来事であっても、神にとっては承知のことです。このことは、私たちにとって安心感を与えると同時に、疑問をも持たせます。「神がすべてのことをご存じであるなら、なぜ戦争を起こさないようにしないのか」とか、「世の中で起こる不幸なことをなぜ未然に止めないのか」とか、「なぜ正しい人が苦しみ、悪い人が栄えるのか」などの幾つもの疑問を生み出すことになります。それほどに世の中では、悪がはびこり、不幸なことが起こっているからです。このことは、一般の人たちだけでなく、キリスト者も何度となく疑問に思うところです。

こうした疑問の背後には、起こってくるすべてのことを神が予定していると考える大きな誤解があります。確かに神は、すべてのことをご存じです。しかし、すべてのことを予定していて、この世界を完全にコントロールしているわけではありません。もしコントロールしているのであれば、神の責任を問うことができるでしょう。しかし神は、人間に自由意思を与えて、この世界での出来事を私たちの判断に委ねています。ですから、その判断が間違っていれば、個人や国や世界に悪い影響が及びます。もし正しい判断をすれば、個人や国や世界に祝福をもたらします。この世界が住みにくいとすれば、私たちの判断が間違っているということです。しかし、判断の良し悪しと結果の関係は、実際にはそれほど分かりやすいものではありません。自業自得（善因善果・悪因悪果）の原則が正しく働いていれば不満も少ないでしょうが、世の中はもっと複雑です。「なぜ」と問いたくなることがあまりに多くあります。

キリスト教では「予定」と似た意味の言葉として、「摂理」ということを教えます。それは「神の配慮」を意味する言葉です。神はただ世の中で起こっていることを眺めているわけではなく、時に人間の営みに介入し、軌道修正をします。人間の営みが破壊的な結果に至ることのないように、神自身が人間の歴史に、また個人の歩みに介入します。これを摂理と呼ぶのです。神の摂理は、最終的にはその人に祝福をもたらすためのものです。

キリスト者は、表面的には苦しいこと・困難なことであっても、最終的にはそのことが祝福として自分の人生に返ってくると信じます。祈りによって、また聖書に従うことによって、積極的に神の導きに委ねることができます。これは信仰者の特権です。

ただ、こうしたことは、「災い転じて福と成す」と言われるような日本古来の考え方と似ています。誰が祝福してくれるか（神々か・仏か・聖書の神か）は違っていても、苦しみや困難の価値に目を留めることを、人生の先輩たちは体験的に知っていたのです。現代を生きる私たちは、喜怒哀楽の世界から、別の言い方をすれば諸行無常の世界から、罪と死の世界のはかなさから目覚めて、先達たちが見出した価値観へと方向転換できるでしょうか。

4　今の世の中で宗教は必要か

　これまでの日本の歴史において、宗教が活気に満ちた時代があったでしょうか。まず思い当たるのが、鎌倉時代から室町時代に及ぶ、新しい仏教宗派の誕生と拡大です。この時期に、今の仏教各宗派のほとんどがそろいました（例外的に江戸時代に黄檗《おうばく》宗が登場）。さらに神道でも学派神道が多く誕生し、活性化しました。なぜこの時期であったのかといえば、これまでの天皇と公家中心の国の運営が、武士による体制に重心が移ったことで、社会不安や危機的な状況が生まれると同時に、これまでのしがらみが解けて新しい雰囲気が生まれたことが背景にあると思われます。

　もう一つの時期が、江戸末期から明治時代にかけての仏教系や神道系の新しい宗教（例えば霊友会や大本教など）の誕生と、キリスト教の再来日の時期です。この時期もまた、幕藩体制が崩れた危機的な状況とともに、それまでの束縛が解けて新しい風が入ってくる好機でした。日本においては、宗教は国の保護と管理下に置かれる時代が長く続きました。これは仏教も神道も同じです。そのため、宣伝や信徒を獲得するには好都合であったものの、自由に信仰を主張することには規制がかかっていました。自分たちの信仰に基づき、自由に発言し、布教活動ができるようになったのは戦後のことです。

宗教が必要とされる幾つかの理由

社会が混乱しているときや戦争（命の危機）が起こったときなどに、宗教が必要とされます。別の言い方をすると、平和で穏やかに暮らしているときには、宗教は見向かれないということです。日本においては、宗教は「救急箱」のようなものであり、普段は必要とされていません。宗教に対する評価は高くありません。その理由として思いつくことが幾つかあります。一つめに、宗教を常に上（国）から押しつけられてきたこと、二つめに、日本では宗教は信じ従うものではなく、都合よく用いるもの（御利益宗教）と考えていること、三つめに、宗教は個人の事柄ではなく、家の所属であると考えていること、四つめに、これまでの歴史の中で宗教者や宗教団体に対する評価が低いことなどを挙げることができます。

そうではあっても、人々が宗教に関心を持つ特別の状況を幾つか挙げることができます。

これは最近の傾向というよりも、長く人々の心を動かしてきた動機です。

その一は、宗教は生活苦・経済的な困難に対する救済のために頼りにされてきたということです。いつの時代であっても、豊かな人と貧しい人はいます。貧しさは生きることを困難にします。このことを解決する手段として、宗教は頼りにされました。つまり、宗教の助けを得て貧しさや生活苦から抜け出したいとの切実な思いが、人を宗教に向かわせます。

その二は、病気の癒やし・回復です。病気になれば、肉体的にも精神的にも苦痛を味わいます。経済的な困難も伴いますし、死への恐れや家族との別離も心配です。たとえ医学が進んでも、治りにくい病気は常に存在します。病気への恐れと心配が、人を信仰へと向かわせます。

その三に、人間関係でのもめごとです。特に家族や親戚、友人とのトラブルは心に堪えます。努力しても解決しないもめごとは、心と体を蝕みます。そして、生きる意欲すらも奪っていきます。縁を切りたくとも切れない場合は、もっと長期化し、つらくなります。こうしたときに宗教の助けを求めます。

これ以外にも、宗教を求める理由・きっかけは存在します。例えば、生きる張り合いをなくしたとき、家族や親しい友人を亡くしたとき、仕事に行き詰まったり失業したりしたとき、火事や災害で大切なものを失ったときなどです。いずれにしても、これまでの生活が大きく変化したり、喪失感で心に不安が大きくなったりしたときなどは、生きてきた土台や自信が揺さぶられてしまいます。こんなときに、人は謙虚になって他者の助言（宗教）に耳を傾けやすくなるのです。

現実の世の中に欲しいものがたくさんある

日本の歴史において、今ほどモノがあふれ、便利な時代はありませんでした。幸せかどうかは別として、今の時代は過去の人たちが苦労して作ってきたあこがれの時代です。物があふれ、便利さが増し、自由を楽しむことができます。

こうした状況においては、悩みや苦しみが多少あっても、気分転換できる場所がたくさんあります。憂さ晴らしに事欠きません。そうなると、まじめに人生を考えたり、霊的なことに思いを向けたりする余地は減ってしまいます。欲しいものは、この世の中にあるのです。所有欲が心の隙間を埋めてくれます。このため、宗教に近づく機会を後回しにさせてしまいます。お金があれば、神さまはいりません。この世の中が楽しければ、天国はいりません。死んだらそれで終わり（無）と考えれば、今のうちに人生を楽しもうとします。こうした状況においては、宗教が人々の選択肢の上位に入ってこないのは当然のことかもしれません。今の時代に宗教は、物欲・所有欲とは反比例の関係にあるようです。見えるものしか認めない状況においては、宗教は都合よく御利益の道具とされてしまいます。人生の転機が必要です。

今の世での宗教の存在意義とは

これまでの歴史を見れば、宗教に目覚めてもらうには、世の中が不安定になるか、人生の転機が訪れるかが必要のようです。しかし、それはただならぬ事態ですし、多くの苦しみを生みます。そこで、今の世の中で、宗教が必要とされる状況は何かを考えてみましょう。宗教のセールスポイントのようなものです。


その一、世の中は楽しみを提供するが、宗教は人生の目的や生きがいの発見に貢献できる。

その二、世の中はこの地上のことに特化するが、宗教はこの世と来世での生活へと導く。

その三、世の中は一時的な快楽を与えるが、宗教は困難の中にあっても不変の喜びへと導く。

その四、世の中は肉体の健康に特化するが、宗教は肉体と魂の調和へと導く。

その五、世の中は自分を中心とした幸せを目指すが、宗教は自分と周りの人の互いの幸せへと導く。

こうした違いに気づいてもらうために、宗教はお高く留まるあり方から、世の中の人との接点を求めるあり方へと体質・体制を改善する必要があります。そうでないと、せっかく持っている素晴らしい「宝」を知らせる機会を失うことになります。

世の中の人は、ただ待っていても来てくれません。自分のことで忙しいのです。そのため、こちらから歩み寄る接点や工夫が求められています。普段は信仰に関心のない人でも、何かのきっかけや困難に出合うと、気が変わることは十分にあるものです。その機会を得るには、普段からの祈りと、人々に対して関心を持つことです。

Ⅲ　宗教は人生をどう見るか

1　宗教は「生まれてきた理由」をどう語るか

生きとし生けるものの中で、人間だけが、「私はなぜ生まれてきたのか、何をすればよいのか」と問いかけます。ただ生きているだけでは納得できず、頑張りも効かないのが人間です。衣食住に欠けるときにはまずそれを求めますが、満たされてくると、生きる意味を求め始めます。そのために本を読み、人にも相談します。宗教は、このために存在すると言っても過言ではありません。

悩みや苦しみや不安が、このことを問いかける

私たちは普段は生活するのに忙しく、「なぜ生まれてきたのか」と問うどころではありません。まして、今が楽しいときや、将来に希望が持てるときはまず考えません。しかし、困難や悩みを抱えたときや、人生の残りが短くなるに伴い、この問いが気になってきます。

人生の中で、このことをまず考える機会は思春期の頃です。心が柔らかく、不安定で、人生への期待も不安も多いときに問いかけます。しかし生きることに忙しくなると、それどころではなくなります。やがて人生が思うようにならなくなったときや、身近な人が亡くなったとき、失敗したり行き詰まったりしたときなどに、人生を真剣に考えます。「なぜ」との問いかけを宿題としてずっと残してきたからです。

神道から「生まれてきた理由」を問う

私たちがなぜ生まれてきたのか、神道ならどう答えるでしょう。この国では古くから、「子どもは天からの授かりもの」と考えてきましたし、「人は自然から生まれて自然に帰る」とも言い慣わしてきました。つまり命は、人間を含めて自然の営みの中で生じるものであり、親の思惑や意思ではないと考えました。そこには、人間の力を超えた自然に対する畏敬の念があります。よって、良きことは神々や先祖に感謝し、悪しきことは祓い清めることで良くなっていくものと考えます。このことから、自然の営みに委ねながら生活する従順さを身につけました。つまり生きるとは、「私は天命に従う」ということであり、たとえそれが悲しいことや苦しいことでも、受け入れることを大事にしました。神道では、個人のことより家族のことを大切にする価値観が優先されましたので、自分のことは家族や周りの人との関係で判断する生き方が大切にされてきました。

仏教から「生まれてきた理由」を問う

仏教の場合はどうでしょう。仏教では起こってくるすべての営みに、因果関係を認めます。そこには偶然はなく、すべての出来事に原因があって、私たちはその中で生かされているという考えです。よって私たちが生まれてきたのは、前世からの営みの結果であり、それを理解するのが仏道修行だと説明されます。こうして御仏の本意に従う信仰へと導きます。良いことも悪いことも受け入れていく中で、執着心から離れるという悟りへ一歩近づくことができます。もし悪いことが起これば、それは前世からの報いであり、耐えることで未来は良くなっていくとの希望が生まれます。つまり、御仏の意思に従うことこそ仏道の修行であり、それに従えないときは、煩悩に悩ませられる結果となります。

キリスト教は「生まれてきた理由」をどう語るか

続いてキリスト教の場合はどうでしょう。聖書を読めば、私たちの誕生に神の意志が強く働いていると分かります。つまり人の誕生は、「神のみこころ」の結果であるということです。よって、人生は自分所有のものではなく、神からの預かりものと理解します。このため人生の目的は、自分の願いを実現するのではなく、神のみこころに従って歩むことと考えます。自分の人生は、最後に神にお返しするものとして、用いるように勧めます。人生においては、「自分のなすべきことは何か」を探すことであり、好きなことを探すことではないというのです。しかし、自分の願いよりも神のみこころを優先するということに、葛藤や苦しみを覚えることがあります。

「生きる意味」は、生きる価値や生きがいと関係する

私たちはただ生きているだけでは満足できません。そこに意味や価値を求めます。それが人間を気高いものにするのですが、同時に生きづらくもさせ、迷わせます。ただ働くだけ、子育てするだけ、気を遣って生きるだけの人生では、生きることに嫌気がさします。生きる価値や生きがいがあってこそ、苦しみも悩みも乗り越える元気が出ます。「自分の人生には意味がある」と、自分で言えることが必要です。何か形に残すこと、ボランティアをして人の役に立つこと、子どもに夢を託すこと、すべては生きてきたことへの価値や意義と関係し

ています。皆さんは、人生を振り返って、自分の人生はこのことのゆえに価値があるといえるものを見つけておられるでしょうか。これこそが人生の課題です。

人生の目的を「幸せになること」に置く人が多くいます。また、「何かを成し遂げること」に置く人もいます。最近は、来世ではなく、「今この時こそ大事」と考える人が増えています。これらは、生きている実感を確かにしたいとの願望の表れなのかもしれません。

宗教は、過去の意味づけと今の意義を与える

宗教は、私たちの日常の悩みや苦しみにも示唆を与えてくれますが、最も大切な役割は、人生の課題に答えを提供することです。そして、今を生きること、未来を語ること、過去の問題に意味づけを与えることです。これに比べたら、病気や人間関係のトラブルや経済的心配などは第二のことです。過去に意味づけをし、今を生きることを励まし、未来を保証することこそ宗教の役割です。

「なぜ生まれてきたのか」との問いかけは、あなたの人生を後悔させないため、また前に向かって歩むための大切な問いかけです。時々立ち止まって、問いかけてみましょう。人間は現実の中で暮らしていますが、宗教的な生き物なのです。

2　宗教は「人間」をどう見るか

私たちの多くは、学校で進化論を学びました。人間は特別の存在ではなく、他の動物と同じ先祖を起源に持ち、ただ知恵が優れているために環境に適応し、他の動物より優位に立っている存在だと学びました。進化論は、他の動物とつながっている自分であることを教えてくれるとともに、生まれてきたのはただの偶然だとも語ります。意味があって生まれてきたのではなく、意味を見つけるのが人間だと学んだのです。そこには、神も仏も介入しません。無神論であり、宗教は人間の知恵が生み出したものと位置づけられます。日本では、仏教や神道の立場で進化論が批判されることはありません。

そんな中で、宗教は選択肢の一つとして位置づけられます。昔の日本人が自然との関わりにおいて感じてきた「霊的なこと」や「もののけ」は、意味を失いつつあります。物質主義や現実主義が大手を振って歩き、霊魂や霊的な存在は隅に追いやられています。宗教の影が薄くなるのは当然の成り行きです。

人間は他の動物とどこが違うか

私たち人間と他の動物の違いは何でしょう。命のレベルでは違いはありません。身体・行動能力の観点では、それぞれに違いがありますので、単純に比較はできません。ただ実際には、現段階では、人間が他の動物を支配している、優位に立っているといえるようです。遺伝子レベルでは、人間とチンパンジーの違いはわずか二パーセント程度だそうです。その二パーセントが大きく物を言っています。

このことに宗教が関わってきますと、人間には「霊魂」があるが他の動物にはそれがないのではないかといわれます。しかし、それを証明することはできません。むしろ日本の長い歴史の中では、動物も植物も霊魂を持つといわれてきました。それは汎神論やアニミズムなどと呼ばれるもので、日本でも外国でも、まじめに信じられてきた歴史があります。よって、人間と他の動物を区別することは簡単ではありません。そこで、それぞれの宗教が人間をどのような存在と理解しているのか、その立場を個別に見てみましょう。

神道が教える人間観とは

神道でははるか以前の「民俗宗教」の時代から、人間は自然の一部であり、自然から生まれ、死ぬときは自然に帰るものとして理解していました。ですから日本の昔話にも伝えられているように、動物が人間の姿を取ったり、人間が動物に変えられたり、動物と人間が結婚して子どもが生まれるなどの話が伝えられてきたのです。人間と他の動物は心が通じ合うと理解されていましたし、自然そのものとも交流が可能だと考えてきました。つまり、人間は特別な存在ではなく、姿かたちは互いに連続するものと理解していました。

このことは、神々の存在についても同じことがいえます。人間も動物も神になれる存在でした。見方を変えれば、人間はそれほど偉くも特別でもなかったのです。人間が威張りだしたのは、集団による権力を手に入れた後のことです。神道では長い間、人間の存在を特別のこととは考えず、自然の一部として、他の動物の延長で理解してきたのだと思います。それが、明治以降に、人間中心の傾向（謙虚さに欠ける）が極めて目立つようになりました。

仏教が教える人間観とは

続いて仏教に目を移します。仏教では、人間を生命あるすべての存在の一部と考えます。

それは人間を特別な存在とは考えないということです。ご存じのように、人間は六道輪廻《ろくどうりんね》の一部であり、何らかの理由で人間になっているにすぎません。それは他の動物よりも少しだけましな存在であっても、所詮、死にゆくもの、煩悩の海に流されていくものにすぎません。よって、せっかく人間に生まれたのだから、このチャンスに「悟り」を目指すようにと勧められます。仏教が人間に強調するのは、「人間となった機会」を活かすことです。今後いつ人間に生まれるのか、定かではないからです。ただ、今の時代に曖昧になっているのは、犬や猫や昆虫にも魂や霊魂があるのだろうかということです。もしあるとすれば、殺すことは避けなければいけません。牛や豚や鶏や魚も同様です。しかし、私たちは牛や豚を喜んで食べています。犬や猫を車ではねて死なせても、罪には問われません。そのくせ、牛や豚や鶏の慰霊祭・鎮魂祭は行います。こうした矛盾に、言葉を濁しているのが現実です。

仏教は唯一神を立てないので、私たちが生まれてきたことを「不思議な因縁によって」と説明します。それは私たちには分からないことです。仏教は、人間を特別な存在とは考えないものの、人間に生まれてきたことを「悟り」のよい機会としてとらえ、無駄にしないようにと諭します。人間に生まれることができたのは、前世での行い（生き方）が良かったからです。

キリスト教が教える人間観とは

キリスト教では、人間を他の動物とは違う特別な存在と理解しています。神との関係においては、神のみこころによって生まれてきたと説明します。また、他の動物や植物よりも優れたものとして語ります。その能力により、動物や植物の世界を支配・管理する者とされていることが聖書に語られています。それが特権であり、責任だと教えられます。

人間には魂が与えられ、神の特質の一部である創造性も与えられています。このため、大きな責任があって、神の裁きを受けることにもなります。他の動物や植物は、神の裁きも救いも必要としません。人間は魂を持っていることで、神との交わりが可能とされています。動物はそれぞれの命を懸命に生きるだけですが、人間は、神のみこころに従うことが求められます。人間は動物であるとともに、他の動物以上の能力と責任を託された霊的な存在だと理解します。

人間としての自分の生き方

自分をどんな存在だと理解しますか。それによって、生き方が変わります。今の人生で豊かな生活を目指す、人生を楽しむことを願う、心の安らぎを大切にするなど、様々な生き方があります。また人間は、動物と同じか、あるいは動物よりも尊い存在なのか、霊的な部分を持つ存在か否か、それらをどう考えるかが分岐点です。宗教は三者三様の答えを持っています。人間観は宗教の基礎部分ですが、根底が異なっているのです。

3　宗教は「自己・自分の存在」をどう語るか

ここでのテーマは、自分について考えることです。私たちの周りには多くの人々が生活していますが、他の人の生き方は、参考にはなっても、完全なお手本にはできません。あの人の真似をすれば自分は大丈夫といえる人はいません。そんな都合のよい人生はないし、型にはまった人生もありません。なぜなら一人ひとりが違うからです。

「自分とは何か」と問うことは人間の営み

これまであなたも、幾度となく自分の人生について考えてきたことと思います。私は何のために生まれ、何をすればよいのか、どんな生き方をすれば幸せといえるのか、こうしたことを人生の折々に、自分に問いかけてきたでしょう。ただこうした問いへの答えは、簡単には見つかりません。

そしてこの問いこそ、人間としての問いかけです。このことが人間を幸せにも、苦しい思いにもさせます。この問いかけをするときは、穏やかなときではなく、迷い、苦しみ、悩んでいるときです。私たちの人生は先が読めない点で、ぶっつけ本番、出たとこ勝負であり、反省はできても、ご破算にはできません。

私たちは、どのようなときに自分を問うでしょうか。理想・目標に対して現実が追いつかないとき、他人と比較し不本意と感じるとき、過去の自分と今の自分を比べて不安を感じるとき、何をすればよいか迷っているとき、人生の終わりが近づき時間がないと感じるとき、これまでの人生に納得がいかないとき、生きがいや張り合いをなくしたとき、生きているのがつらい、むなしいと思えるとき、大切な人や大事にしてきたものを失ったとき……。このようなときに、「自分とは何か」と考え始めます。この問いへの答えを提供することが、宗教の役割です。

神道では、自己は不変である

神道では、自己・自分という存在は、不変的な存在として理解されます。つまりこの地上の自分は死んだ後も存在し、「あの世」でまた新しい生活を続けると考えます。そして時が来れば、再びこの地上で家族や親戚に生まれ変わると理解しました。これを繰り返すので、「自分」は変わることのない存在だといえるでしょう。その個人は、その人の心がけや家族の供養によって、善人にも悪人にもなります。神道では個人（自己）の生きがいや幸せは、家族や集団との関わりの中で築かれていくと考えました。家があり、村落・集団があってこそ、個人の存在も意味を持っていました。つまり、関係が重視されたのです。

こうした個人の捉え方は、日本では一般的なものでした。現在のような個人主義が広まる前は、長い間、個人の個性はとても影が薄く、家族の中の個人、地域の中の個人として理解されていました。自分がどうしたいかではなく、「みんなは私に何を期待しているか」が大切にされたのです。それが今では確実に変化し、その結果として、自己主張の陰に家族も地域のつながりも弱くなりました。その分、自己の意思や願いが信仰にも反映されています。

仏教では、自己は煩悩の業である

仏教は「自己」をどのように考えるのでしょう。ご存じのように仏教は、命あるもの・形あるものはすべて流転するという輪廻転生を語ります。仏教の開祖である釈尊（釈迦）はヒンドゥー教の教えを受け入れ、輪廻を弟子たちに教えました。その輪廻から脱却することが

「悟り」であるとして、執着心を捨て去ることを目指しました。その捨て去るものの中に、「自分自身への執着」も含まれていました。仏教は人間論に力を入れ、人間の可能性と人間の愚かさを深く追求しました。

仏教では、自分のものといえるものは本来、存在しないと考えます。「自分」と考えること自体が煩悩のなせる業であり、苦しみの原因となっていると考えました。このために、自分と他人を区別したり、自分という存在にとらわれたりすることを離れるように人々を諭しました。これは、現実的にかなり困難なことです。「自分・自己」と考えていることは幻想にすぎず、迷いや執着にとらわれているためだというのですから。

初期の仏教では、自分固有の自己を語らず、論争さえしませんでした。「自己」（アートマン）の存在は、後の弟子たちによって語られていきます。なぜなら、輪廻転生する存在として、自己の存在が必要だと理解されたからです。そうして、「真の自己」と「偽りの自己」として論じられるようになります。人間は通常、自己のことで悩むことはあっても、自己の存在を疑うことはしないでしょう。我欲や執着心から離れた真の自己とは、どんな自己・自分なのでしょう。仏教を信じる人々は、真の自己を目指して仏教の教えに向き合っています。

キリスト教では、自己は固有の存在である

キリスト教においては、自己・自分の存在は神との関わりにおいて意味を持つと理解します。神が存在して初めて、人が存在していると考えます。人は神によって存在が与えられ、神との関わりの中で「自分の存在」を理解します。私たち一人ひとりは、過去において、現在において、そして未来においても、ただ一人しか存在しない価値を持つと教えられます。そして自己・自分は、いつまでも存在する霊魂を持ち、この地上での生活は一時的なものと理解します。

自分を他人と比較するのは、競争社会では当たり前のことですが、キリスト教は、競争によって自分・自己に迷いが生まれ、自分を確立できない状況になっていると警告します。比較の中で優劣を競い、自分の存在意義を確認してきた私たちにとって、他の人に負けること、自分が衰えていくことは、自分・自己の存在を危うくしてしまいます。つまり、年を重ねることで安心と充実を得るのではなく、不安と怖れを抱くことになってしまうのです。キリスト教は、そのような競争・比較に否を唱えます。

皆さんは、自分をどのように理解していますか。存在価値が消えていく自分、変わり果て

ていく自分という現実を前に、自己・自分についての理解が、残された時間の生き方とつながっています。どう生きて、どう最期を迎えたらよいのでしょう。神道や仏教では、自己・自分を神仏から独立した存在として理解しますが、キリスト教では、神との関係において自己の存在を見ていくことを教えています。つまり、自己は自己所有ではなく自己使用として存在しているということです。人生の時間が経過する中で、自分なりの答えを出す時が日々近づいています。保留にはできません。

4　宗教は「人生の目的」をどう語るか

私たちは小さい時から、家庭で、学校で、また周囲の人から、何かのたびに「なぜ・何のために」と質問され続けてきました。このため、自分でもいつの間にか自然に同じことを言うようになりました。この問いが、それぞれの人生にも問いかけられます。しかし人生という漠然として大きすぎるテーマに対して、すぐに答えるのは難しいことです。子どもの頃は人生は単純でしたが、大人になると複雑になります。私たちはただ生きていければそれでよいわけではなく、そこに意味や生きがいを求めて生きる存在です。

人生の目的を探すのは、もろ刃の剣

人生の目的を私たちが考えるとき、それは他人との比較では決められないし、若い時と年を重ねてからでは変わりやすいし、人生全体を通じての普遍的な目的を探すことは容易では

ありません。仮に人生の目的や目標を探し当てたとしても、それにたどり着けなければ、もっと苦しむことになります。そして人生の目的を手中にできない今の状況を否定することで、惨めにさえもなります。

考えてみてください。この国で人生の目的や目標を問えるようになったのは、長い日本の歴史の中でつい最近のことです。戦前の日本においては、ただ生きることに一生懸命の状態が続きました。やっと戦後に少しだけ余裕ができた状態です。それに世界においては、今なお人生の目的や目標を問える状況にない人たちがたくさんいます。つまり人は、人生の目的はなくとも生きられるし、その時その時に、ささやかな幸せを見出すことをしてきました。私たちは、人生の目的を探す前に、まず生きていることそのものに大きな価値があることを、しっかり受け止めておく必要があります。日々の生活の営み自体に価値を見出すことが必要です。そのうえで、よりよく生きるために、人生の目的や目標があったほうがよいと考えることにしましょう。平凡かもしれませんが、一日一日を生きること自体が尊く大事なことだということです。これを理解しないと、人生の目標や目的を達成できなかったり、見つからなかったりしたときに、自分を傷つけ周りの人をも不幸にしうる、もろ刃の剣になる可能性があります。自分の価値を否定しかねません。

神道が語る「人生の目的」

ここで、宗教が語る人生の目的に心を向けます。宗教が持つ役割の一つに、生きる意味を教えることがあります。まず神道はどう語るでしょう。

神道はもともと個人の宗教ではなく、共同体の宗教です。私個人の幸せを願うのではなく、私たちみんなの幸せを願います。共に楽しみ、共に困難を乗り越える運命共同体の宗教です。個人の思いが強くなったのは、明治以降のことです。時はちょうど、農業や林業などの産業から、工業中心の産業へと移り変わっていった時期と重なります。神道が教えてきた人生の目的は、「家族の幸せ、子孫の繁栄、大切な人たちの幸せ」であり、今のように、自分だけとか家族だけという考えはありませんでした。個人は小さな存在でした。よって、家族のために自分は存在している、それが人生の目的であると理解して、自己を犠牲にすることが美徳とされました。

仏教が語る「人生の目的」

続いて仏教の場合はどうでしょう。仏教においては、人生を苦しみの場と考え、苦しみと悩みから脱却し、悟りの境地に至ることを目指しています。悟りとは、「執着しない生き方、とらわれない境地」に至ることですので、その基本は個人一人ひとりにあります。仏教では個人の集合体が社会を作ると考えています。しかし日本仏教では個人主体の信仰ではなく、家の宗教として定着しましたので、仏教もまた家族の幸せと繁栄が大切にされました。このため供養を家族に勧め、個人は家族を支える一員として位置づけました。つまり、個人が仏に向き合うことはなくなり、家単位で人生の目的や目標を考えるようになりました。

本来の仏教の視点で見れば、仏教の語る人生の目的は、一人ひとりが煩悩を離れて悟りの境地を目指し、自分と他者を共に救うことであり、これこそ崇高な目標なのです。自分の悟りが他の人を救うことにつながると考えますので、利己主義的な生き方とはなりません。仏教は個人の悟りを語りながら、そこには苦しみを共にしている人々への憐れみを常に考えていました。

日本の仏教においては、家族さえよければ他者のことは二の次という、エゴに陥ってしまったといえるでしょう。これは本来の仏教が目指したこととは違っています。

キリスト教が語る「人生の目的」

最後にキリスト教の教える人生の目的について学びましょう。キリスト教では神を信じることは、あるべき神との正常な関係に戻ることと考えます。「迷子の子羊」と呼ばれるように、人間の今の状況は迷子の状態にある、つまり本来の状態にないと考えます。よって、人生の目的は「神とのあるべき状態に戻ること、神と共に生きること」にあると考えます。たとえ自分の人生を自分で納得し、喜んだとしても、そこに神との信頼関係がなければ、その人はまだ迷ったままと位置づけます。

このため自分が人生で何をするか、どう生きるかということは人生の活かし方であって目的ではなく、目的は神と共に生きることそのものにあると語ります。別の言い方をすれば、人生の活用方法は、神を裏切るのでなければ、その個人に委ねられたことだというのです。地上での仕事や役割に生きる価値があるのではなく、神との関係性が重視されます。「○○をしなければ私は生きる価値がない」とは、本人の思いであり価値観ですが、そこに存在価値があるわけではありません。あまりに仕事の結果や実績にこだわっていると、もっと大切なことを見落とします。今の社会は競争社会であるため、成果や役割や才能や勝敗に注目しますが、神はむしろ、個々の能力や力量に応じた共存社会・補足社会をつくろうとしているのだと考えることができます。それでこそ、違いを活かし合うことができます。

人生に、どうしても目的は必要か

最後の問いかけとして、「人生に目的は必要か」ということを取り上げましょう。私たちは無意識のうちに、目的を求めます。しかしこのことで苦しみ、今の幸せが見えなくなっている人、人との比較の中でしか自分を量れない人、今の状況に不満を持ち続ける人などがいます。そのような人たちは、大病をしたら、家族に不幸が襲ったら、何もすることがなくなったら、どうするのでしょう。

今日という日の積み重ねこそが人生であり、その日々の命を生きることが基本です。私たちそれぞれの人生の価値を見つけるのでも、作り出すのでもなく、一日の暮らしに意味づけをすることが大切だと思います。宗教によって語られる人生の意味づけは、それぞれで異なります。あなたも、じっくりと考えてみてください。

5　宗教は「死」をどう語るか

私たちはみな、いずれ死を迎えます。普段は意識していなくても、身近な人が亡くなったり、自分が大病を患ったりすると、さすがに考えてしまうのが死のことです。あなたはこれまでに何度か葬儀に参列しておられるでしょう。その時、どんな気持ちで亡くなった方を見送られたでしょうか。現代は「葬儀」のあり方が多様化している、変化している時です。

宗教による死の意味づけ、葬儀のあり方には、墓の課題が一緒についてきますが、まず死と葬儀の課題から取り上げます。

■死と葬儀について

神道における意味づけ

神道は死をどのように理解し、説明するのでしょう。根本は民俗宗教の習わしにあり、死は苦労の多い人生からの解放であると理解されていました。人が死ぬのは自然界の掟であるため、誰にも必ずやってくると覚悟を決めていました。この地上でのつらい別れの悲しみはあっても、あの世への旅立ちを祝福しようとの別の意味も持っていました。またあの世で再会できるとの希望が根底にあるため、慰めも抱いていました。死は人生を一度リセットして、やり直しをするものと考えることで、不安や寂しさを我慢することを学んできたのでしょう。日本の昔の人たちにとって、死は身近で現実の出来事だったのです。

仏教における意味づけ

次に、仏教においては、死は六道輪廻の一つであり、この地上での生活で必ず起こる、悲しく避けられないことです。つまり死自体は特別のことではありません。この世に暮らす間に良きことを多く行っていれば来世では幸せになれるが、罪業が多ければ、地獄で苦しみの償いが必要となると覚悟するよう教えられました。これを避けるために、残された遺族や友人は追善供養を行うことが必要であると学びました。この目的のために、葬儀や法事で故人のために、善行を弔い上げまで続けることが求められています。法事によって故人と遺族のつながりは継続されます。

キリスト教における意味づけ

キリスト教では、死は自然なこととしてではなく、罪の結果として考えますので、死には報いとしての面があります。このため、死からの復活（来世のいのち）を、信仰によって得るようにと勧めています。キリスト教において葬儀は、命を与えてくださった神に対し、故人が受けた生前の恵みを感謝し、亡き人の魂を神の御手に委ね、残された遺族への慰めと支えを願う儀式です。このため、仏教の法事に当たることはしませんが、記念会を開いて遺族を励ますことは自然なこととして理解しています。

葬儀の意味を問う

宗教はそれぞれに、葬儀の形式について時間をかけて作り上げてきました。葬儀に込められた思いは、その宗教の死生観や来世観を反映するものです。一人の人がその人生を終えて、新たな旅立ちをするとき、それを見送る宗教からの意味づけや、残された人への慰めや励ましが込められています。

死を惜しむのは人間だけの特徴ではありません。動物にも死への痛みや悲しみはあります。

ひょっとしたら植物にもその感情はあるかもしれません。しかし、その思いを葬儀や埋葬の形で表すのは、人間だけの特権です。ところが昨今では、人の死が病院で看取られることが多い現状が死を現実味の薄いものにしており、死が何か他人事のように受け取られつつあります。

日本の葬儀は仏教と儒教の組み合わせ

日本の葬儀は外見上、仏教の形式が多く表れています。喪主は遺族ですが主催者は僧侶ですし、読経と仏教形式の作法のもとに執り行われますので、多くの人は仏式の葬儀だと考えています。しかし、葬儀の主体は本尊ではなく「亡くなった遺体」です。遺体を中心に祭壇が築かれており、参列者は本尊を拝むのではなく、無意識に遺体を拝んでいます。参列者の目と心は、亡くなった方の遺体に注がれます。そして、葬儀後の火葬場への見送りは、参列者の拝礼をもって終了します。この儀式は儒教のやり方であり、遺体を崇拝するものです。その形式・儀式を仏教の衣で覆っているのです。

本来、仏教は遺体の葬り方については簡素であり、魂を祀ることに関心がありました。檀家制度の導入によって、仏教の形式・色彩が執られるようになっていきました。仏教にとって、葬儀は義務となっていったのです。その過程で、儒教の「遺体を大切にする」考えが合わせられていきました。それは、日本人の心情にかなったことでした。

葬儀をめぐる諸課題

その一　特に宗派にこだわらない

戦前までは仏式の葬儀は、お寺が主導して行っていました。しかし、セレモニーホールが身近に普及してきたことで、様子が変わってきました。すべての段取りをセレモニーホールのスタッフが行い、僧侶は通夜や葬儀の実際を中心に関わるようになりました。加えて、檀家制度のつながりも希薄となり、自分の宗派にこだわらない人も増加しました。従来の仏式が減り、お別れ会のような葬儀が増加しています。宗教と葬儀のあり方と死の意味が変化しています。

その二　葬儀費用がかかりすぎることへの疑問

仏式での葬儀が、日本で行われている葬儀全体の八十五パーセントに上ります。圧倒的な数字です。その平均的な費用が、全部でおよそ三百万円といわれます。お通夜、戒名代、僧侶へのお礼、葬儀社の諸費用、お返しの費用、二度の飲食代、お花代の費用です。これには、お墓の費用は入っていません。墓の費用はこれとは別に、永代使用権と墓石代込みで二百万円から三百万円程度かかります。

ここまでする必要があるのか、家族に負担をかけられるのか、これからの生活費はどうするのか、などと考えると、これほど費用がかかるのでは、躊躇するのが現実です。このこともあって、家族葬・密葬と呼ばれる身近な人たちだけの葬儀を選択する人が増えています。このことは確実に、社会や人間関係の薄まりを背景にしています。

その三　葬儀そのものへの疑問

仏式の葬儀の中心は焼香です。参列者たちは故人をしのんで焼香を行い、遺族にお悔やみを言うために参列します。よって、僧侶の読経や仏事の作法の意味は分からないままに着席していることがほとんどです。このため、仏式の葬儀に出ても仏教からの慰めも励ましも得られない状況です。そのせいか、形式に流れやすい葬儀に代わり、友人葬や音楽葬といったお別れ会の葬儀が少しずつ増えています。宗教色を抜いて、故人をしのぶ形をよしとするのです。こちらのほうが参列者に理解が得られるとの判断です。全体に「簡略化された葬儀」

を希望する人が増えています。

かつて、葬儀は残された遺族の権限でしたが、今では当の本人が葬儀や墓のことについて希望を残すようになりつつあります。

葬儀のやり方は自分で決める

その一　葬儀をするか、しないか

以前ならありえない選択でしょう。葬儀は住み慣れた社会に対する訣別であり、身近な人へのお別れの儀式です。しかし社会とのつながりが薄れつつある今、葬儀の是非が問われています。葬儀をするのか、しないのかが、まず第一に問われることです。それはその人の人生の決定の一つです。あなた自身が、自分の葬儀の決定権を優先的に持っているのです。

その二　行うとすれば、どうするか

亡くなった人が若い人であったり、現役の会社員であったりした場合、家族葬や密葬は難しいでしょう。しかし高齢者や地域に知り合いが少ないときは、参列者も少ないことが推測されますので、簡素に葬儀をすることも選択肢となります。ただご本人が普通の葬儀と違う

ことを希望するときは、事前に希望を近親者に伝えてトラブルを回避しておくことです。

その三　周りの人に話しておきましょう

自分の葬儀については、人任せにしないで、どのようにすることを希望するのか、家族やきょうだいに話しておきましょう。例えば、参列者、葬儀の費用と形式、葬儀の内容（プログラム）、お墓のことなどです。残される家族が混乱しないように準備ができれば、それはよりよい人生の終わり方となります。

■墓について

「墓は必要か」と問われる時代に生きる

世の中は少しずつ、そして確実に変わっていきます。そんな中で、墓地や仏壇の価値は変わりにくいものの一つでした。なぜなら家庭があり、そこに死があって、死者を葬るのは家族の大切な役割だからです。ですから墓地が足りなくなって、不便な場所でも値段が高くても、必要だから買う人がいました。しかし今、それが確実に変わっています。墓のことで迷う人・やめる人が増えているのです。そこで私たちにも関係のある墓のことについて、比較宗教の観点から考えましょう。

墓の必要性が問われる時代背景

まず初めに、なぜ今、墓のことが問題にされるのかを考えます。

かつては人が亡くなると、「先祖の墓」に埋葬されるのが当たり前でした。しかし核家族化が進んでくると、家族単位の「ファミリー墓」が急速に増加しました。お寺の管理する墓ではなく、公園墓地と呼ばれる、宗派や宗教を問わない墓も増加しました。さらには「合同墓地」の選択肢もあります。これに伴い葬儀のしかたも、仏式中心から宗教色のないセレモニーホール中心の「お別れ会」型の葬儀、「家族葬」や「自然葬」、ついには「直葬」まで、いろいろな形での葬儀が増えてきました。

こうした状況の変化の中で、これまで疑問視されず選択の余地すらなかった「自分の埋葬方法と墓地」についても、物が言えるようになりました。こうした中で、葬儀不要、墓地不要という考えも浮上しています。実際に火葬の後のことを選べるのです。本人の意思や家族の思いが、親族よりも決定権を持つようになったのです。加えて、少子化の中で誰が墓を守るのかなど、これまでの葬儀や墓への疑問・不満が「選べること」の一つとして、発言され始めました。

墓が問われることは、家族が問われること

こうした状況が起こっているということは、世の中の変化があるというだけでなく、「家族のつながり」に変化が生じているということです。大家族から核家族へ、核家族から個人主義へと移り変わり、家族の機能が変化しています。家族のつながりが希薄になった、個人の考えが強くなった、家族を持たない人や単身生活をする人が増えているということが、墓の必要性が選択肢となっている理由です。別の言い方をすれば、家族のあり方が多様化しています。

かつて家族は、教育の場、社会訓練（しつけ）の場、仕事を学ぶ場、食事（生活）をする場、子どもを増やす場、先祖供養の場でした。この中の多くの役割が、家庭外に機能を移しています。後に残ったのは、いったい何でしょう。家族のきずながとても弱くなっているのです。墓の問題はこの延長にあります。

神道は墓をどう考えるか

神道の「墓」についての考えを述べましょう。まず、その土台となっている民俗宗教の墓についての理解から学びます。

民俗宗教では、昔から亡くなった人の魂の供養は大切にしてきました。それは、正月やお盆の行事を見れば分かります。正月とお盆には先祖の魂を丁重に迎え、今日までその習慣が続けられています。しかし一方で、墓については簡素に取り扱いました。古くは「野辺の送り」によって遺体を埋葬しました。人々は遺体の腐敗を恐れました。このため、神道でも、遺体の葬りは魂の供養ほどには丁寧にしませんでした。そこに仏教が登場し、葬儀と墓を遺族の慰めとなるように引き受けてくれたのです。神道や民俗宗教では、人は自然から生じ、自然に帰ると考えるので、墓も遺体を土にかえす場所だったのです。

経済力のある人、名誉を受けた人、有力な武士、天皇や貴族といった高貴な人などは立派な墓を持っていましたが、一般の人は「墓場」と呼ばれる共同墓地に埋葬されるだけでした。「先祖累代の墓」が作られたのは、埋葬法が施行された明治になってからのことです。それが戦後は、欧米の影響で、バラエティーに富んだ墓が目立って増えています。

仏教は墓をどう考えるか

仏教では、もともと墓には重きを置きませんでした。釈尊も墓を望んではいませんでした。しかし、伝わった仏教が日本の葬儀に関わることで信頼され、やがて檀家制度へとつながっていきました。仏教が葬儀や墓から交代できない状況になりました。今もそのことで仏教は体質を変えられないで苦慮しています。お寺にとって、墓地を確保することは使命のようになり、重荷ともなったのです。

このことは家族も同様でした。親族やきょうだいが多かった時はうまく機能していましたが、親戚のつながりが弱まり、核家族が増えたことで、誰が先祖累代の墓を守れるのか、無縁墓地になってしまう恐れと不安を抱えています。

キリスト教は墓をどう考えるのか

キリスト教は、墓についてどう考えるのでしょう。聖書の記録では、墓は人生の大切な位置を占めています。遺体を墓地に埋葬することは、家族にとって大事な役割と理解されています。そうしてもらえないことは悲しいこと、神の恵みを受けられないことと理解されました。新約聖書時代には、遺体を葬る墓の意味に加えて、復活を待つ場所と受け止められました。キリストの復活が大きな影響を与えました。墓は、復活を願う証しの場所という意味も持つようになったのです。よって教会墓地は、教会にとって大切な復活信仰の証しの場所となっています。

日本において教会が墓地を持つことは、キリスト教が市民権を得るためにどうしても必要です。個人で墓地を持つことは自然なことですが、教会にとって、墓地は会堂と同じくらい、地域に対して見える証しとして大切です。

あなたは自分の葬儀やお墓について、決めておられますか。何も遺言しなければ、残された家族が相談して決めるしかありません。一般的には、葬儀は仏式で、お墓は先祖の墓か、ファミリー墓となるでしょう。本人がクリスチャンであっても、家族がそうでないなら仏式も珍しくありません。これまでの人生を、自分の考えや意思を大切にして生きてきたのであれば、死んだ後のことも自分らしい結末のしかたを決めておくのがよいでしょう。そういう時代に、私たちは生きています。

6　来世はあるのか、あるとすればどんなところか

元気なときや穏やかに過ごしているときには、死や死後のことは考えません。しかし年齢を重ねてくると、また身近な人が亡くなると、フッと自分の死や死後の世界のことを考えます。でもまた忙しくなって普段の生活に戻ると、死は他人事のようです。死ぬことは確実にやってきますが、現実味が薄いのです。他人は死んでも自分はまだ先と考えているのかもしれません。しかし、死ぬことは百パーセント確かなことです。そこで、ここでは「死後のこと」を考えて、死の備えとしたいと思います。

臨死体験について

もうだめだと思われた人が、息を吹き返す出来事がまれにあります。その時の体験として話される出来事を「臨死体験」と呼んでいます。臨死体験は日常的でないため、テレビでも

真面目に取り上げることがありました。それは例えばこういうことです。自分の体から魂が抜け出て、自分や周囲の人を観察したり、きれいな花園に行ったり、自分を呼ぶ人の声や姿を見たというような体験です。それは不思議な経験です。

こういった臨死体験について、それは脳の働きだとか、先入観に影響されているとか諸説ありますが、当の本人は事実として真面目に信じています。中には、前世での体験まで覚えている人がいるそうです。これらの人は、来世はあるという立場を、自分の経験から後押ししているように思われます。

しかし禅宗の道元禅師は、来世の存在に否定的です。それらは人を導くための方便であり、死後は無であると説いています。このように、仏教でも意見が異なっているのが来世観です。この背景には、釈尊も霊魂の存在については語っていなかった事実があります。釈尊は、実証できないことについては議論を避けました。仏教において霊魂が議論されていくのは、釈尊の死後しばらくたってからのことです。

数年ごとに行われるＮＨＫの調査を見ても、現在の私たちの国では、来世を信じる人と信じない人が拮抗していますが、少しずつ信じない人が増えている状況です。欲しいものが満ちている、目に見える世界においては当然の傾向かもしれません。

神道は来世をどう語るか

来世のことを神道ではどのように理解しているのでしょう。神道が誕生する礎となった民俗宗教においては、すでにその存在を信じていました。来世を、親しみを込めて「あの世」と呼んでいました。そして私たちの暮らす世界を「この世」と呼びました。あの世は、山にも海にも里山にも地下にも存在すると考えていました。特別の場所として「高天原《たかまがはら》」を信じましたが、常人の行けるところではありませんでした。

あの世にはこの世と似た生活があり、家族のきずなは切れることがないと信じていました。正月とお盆にはあの世から死者の霊が家族のもとに帰ってきますし、墓にも仏壇にも霊魂が宿っていると考えることで、寂しさは和らぎます。よって、来世がなければ供養もきずなも成り立たなくなり、ただむなしさと寂しさが残るのみです。天国も地獄も信じない神道にとって、あの世は心のよりどころとなるところです。

仏教は来世をどう語るか

仏教では、釈尊の時代から「六道輪廻」と呼ばれる来世の存在が語られていました。これは釈尊が生きたインドのヒンドゥー教の影響を受けていたことによります。釈尊は生老病死を繰り返すこの世の定めから脱却することで、悟りを開いて浄土に赴くことを人々に勧めました。別の言い方をすれば、四苦八苦の煩悩の世界から離脱して、涅槃寂静《ねはんじゃくじょう》の世界に生きることを勧めたのです。つまり、来世を前提とした教えが説かれたのです。生まれ変わり死に変わりすることを苦しみとしてとらえました。何度も命を得ることは、楽しみよりも苦しみやつらさが多いことだと考えたのでしょう。浄土は仏の数だけあると語られ、地獄もたくさんあり、八大熱地獄と八大寒地獄もあって、それぞれの行いに応じて行き先が決まると語られました。「地獄は恐ろしく、浄土は素晴らしいところ」と小さい時から聞いて育ちました。どちらに入るかは私たちの心がけ・生き方次第です。

ただし仏教の宗派では、それも方便と語る教えもあって、一様ではありません。

キリスト教ではどのように語るか

それではキリスト教はどのように語っているでしょう。聖書には天国（神の国）と地獄のことが記されています。天国は神の臨在するところであり、地獄は裁きと苦しみのところだと教えられます。人間が地獄の苦しみを味わわないですむために、救い主としてキリストが誕生し、十字架の苦しみを身代わりとなって受けたと語られています。来世としての天国と地獄がなければ、キリストが来る必要は薄れてしまうということでしょう。このように、キリストの誕生は来世があることを大前提とし、どちらの世界に入るかは私たちの思いと生き方次第になるわけです。

このように、神道も仏教もキリスト教も、来世の内容・説明は異なっていても、存在自体を否定してはいません。昔の人たちは来世を信じることで、現実の苦しみと不安の中で、希望を持って生きようとしたのです。現在の私たちのほうが現実のことで精いっぱいであり、来世のことなど忘れている、あるいは無視しているかのようです。

死んだ後に何もないとすれば、その人にとっては今がすべてとなる

来世を信じない・認めないという状態は、科学的な実証根拠がなければ信じないという、現代の合理的な考えに基づいていると思われます。来世を信じないのであれば、死後に希望が持てないことになるので、自然に向かうところは「今の人生・生命がすべて」となります。今の生活に全力を注ぎ、大切にすることが人生だということです。そうなれば、やりたいこ

とをできるだけ満足が得られるように励むことになります。死後に誰かに裁かれる恐れはなくなりますが、すべては死をもって無に帰するということになります。

死後の世界の有無の判断は、今の自分を左右する

あなたの人生プランの中に、死後のこと・来世のことが入っていますか。もし入っていれば、今の生活に少なからず影響があるでしょう。残された人生の過ごし方や死に向かう準備をするうえで外せないポイントです。それが宗教を持つ・信仰の歩みをするということです。やがて来る葬儀は自分の信仰の表明となり、残された家族や親しい人へのメッセージとなります。しかし来世が意識の外であれば、死をもって人生プランは幕を閉じることになります。その場合、葬儀を何らかの宗教的な儀式で行っても、それは来世を見据えた故人の遺志ではなく、遺族の意思ということです。

死後の世界の存在を、どの宗教でも納得できるように実証することはできません。つまりこれは信仰の領域なのです。信じるか信じないか、それを決めるのは私たちです。信仰はあるところまで人を教え導くことができますが、その先は本人が決めること・決断することになります。信仰とは委ねることであり、一面では賭けのような意味合いがあります。立証す

ることが難しいので、それから先は信じて委ねるのが信仰です。そこには論理の飛躍が見られます。現実の私たちの生活もすべてを立証・確認ができるわけではなく、信じ委ねて成り立っているのですが、信仰はその幅が大きいのです。自分の経験や知識を基本とし、また常識を適用すれば信仰の理解は難しくなります。信仰は自分が納得して持つという面と、委ねて従ってみて初めて分かるという面があるのです。厄介なことですが、それが事実です。ただ現実的で可能なことは、何かの信仰の教えに、目処を立てて従ってみることです。それがあなたに必要な信仰・宗教であれば、その恩恵に気づきます。

Ⅳ　日本人の心と宗教

1　宗教はみんな一緒というけれど

日本人の普段の生活は、宗教とは無縁の生活のように見えます。お寺や神社にいつも参拝に行くわけではありません。文化庁の『宗教年鑑』でも述べられているように、日本人の半数を超える人が「特に信仰は持っていない」と答えます。さらに神仏を信じるという人も約半数のみです。それでも宗教人口を調べると、実に二億人近い人が信仰を持っているという結果が出ます。これらを考え合わせると、一人の大人が二つ程度の信仰を持っている計算になります。それは、無意識にしていることが宗教的な行為になっているということです。正月の初詣、墓参り、お盆行事、葬式や法事などが宗教行事であるにもかかわらず、本人は習慣として理解しているということです。このずれが日本の宗教の特色となっています。つまり別の言い方をすれば、日本で行われている神社やお寺中心の行事が、生活の中に根づいていて、習慣として理解されているということです。

なぜ、宗教はみんな一緒と考えるのか

特定の宗教を信じている人たちも、信仰を持つまでは、「宗教はみんな一緒」と考えていた人が多いと思います。仏教や神道、また創価学会や天理教などの新しい宗教も含めて、宗教はみんな、教えや拝むものは違っていても、目指すところは同じであり、ただ方法だけが異なっていると考える人が多いようです。

それにはわけがあります。かつて仏教が五〇〇年代に、中国や朝鮮半島を経て日本に紹介されてきた時、仏教は神道との対立を避けて、仏も神も同じであると語りました。これを本地垂迹説と呼びますが、仏が日本の神々として現れていたと説明しました。神道にとっては屈辱的な教えですが、国の保護を得た仏教の前には受け入れざるをえませんでした。この教えは奈良時代から始まり、平安時代には庶民の間に定着していました。仏教と神道は、相補う形で共存してきたのです。日本人の生活に溶け込み、一年の行事や人生儀礼の中で、それぞれ役割分担し合ってきました。このため人々は、神道や仏教や新しい宗教とも、程よい距離を取ってつき合ってきました。宗教の優劣を競ったり、他宗教を批判したりすることを極力避けました。このため日本人は、宗教はみな同じだと考えてきたのです。

特定の宗教を信じている人は、自分の信仰が一番と考える

こうした風潮の中で一つの信仰を選んだ人は、いつの間にかこの考えを変えていきます。つまり、宗教はいろいろあるものの、自分にとってはこの信仰・この宗教がいちばん良いと考え、自然と他の宗教と距離を取り、興味を持たなくなります。ただし、周囲ともめたくないので、あえてはっきり言うことを避けます。こうした心理は、周りとの調和を大切にする日本人にとっては自然なことです。

一つのことに心が定まると他のものが色あせて見えるのは、宗教に限ったことではありません。趣味でも品物でも仕事でも、人間に対しても同じです。自分が手にした宗教がいちばん良いと考えるからこそ、一生懸命にもなれるし、苦しいときでも信仰生活を続けることができるのです。特定の宗教・宗派を持っている人は、他の宗教や宗派に対して、「宗教はみんな一緒」とは考えません。内心、自分の宗教が良いと考えています。宗教はみんな一緒と言う人は、そう語ることで宗教を遠ざけたり、「私に宗教を勧めないでくださいね」と遠回しに伝えたりしているのです。

宗教は本来、私たちに変化を求めている

聖書の中の「使徒の働き」一七章という部分に、ギリシアの町アテネに、パウロたちが伝道のために訪問した時のことが記されています。パウロはこの部分で、聖書が語る神の特質について分かりやすく説明しています。その説明内容は、アテネの町の人々の信仰背景が、日本人の信仰の背景とよく似ていることを教えてくれます。アテネの町の人たちも、いろいろな神を祀り、大切に信仰していたからです。パウロは、ギリシアの神々と聖書の神を比較して語りましたが、あまりの違いに人々の多くは拒否反応を示しました。日本におけるキリスト教への拒否反応とよく似ています。神々の満ちた国と、神はただひとりであるとの考えの違いは大きすぎます。

そうした中でも幾人かは、聖書の神に関心を持ちました。そこからキリスト教の伝道は広がっていきました。宗教に対して私たち人間は、自分の願いをかなえてくれることを期待します。このことはどんな国の人々でも、同じように期待します。しかし宗教は、逆に私たちに対しても要求します。宗教は私たちにとって、都合のよいことばかりを教えません。このため多くの人は、宗教と距離を取るのです。「宗教はみんな一緒」という言葉の陰には、どれを信じても一緒だし、信じなくてもよいとの警戒の心理が働いています。

宗教は私たちの人生に大きな影響を与えるものです。ですから慎重になりますが、もし真理を選択できるなら、大きな恵みを私たちの人生にもたらします。しかし間違った宗教を手にするなら、自分の人生を破壊してしまいます。宗教の良くない情報を、私たちはいつの間にか聞いてきました。私たちは日本において、宗教の基本を学校でも家庭でも学んできませんでした。つまり信仰については素人なのです。信仰は薬の役割とよく似ています。それは毒にも薬にもなるため、取り扱いに注意が必要です。特定の信仰・宗教を持っている人は、自分の信仰がいちばん良いと信じています。その信仰によって生かされ励まされ、支えられているからです。

宗教は、誰でも分かる規格・基準に相当するものがありません。ですからその中には、誤りが混入する可能性があります。しかし、間違いなく真理もあります。それを見分けるためには、宗教の教えの吟味と、信じている人の観察と、自分自身の体験が必要です。食わず嫌いにならず、まず身近で信頼できる人が信じている宗教から求めてみてください。あなたの人生にとって、宝を得ることになるかもしれません。

2　宗教に対して日本人が望むこと

日本という国の宗教的な環境を考えたときに、この国には、長い間に培われてきた幾つかの宗教が、時に争い、時に補い合いながらも共存してきたことが分かります。それは日本の宗教の寛容さという面だけでなく、日本人が宗教に要求してきた役割も大きいと思います。日本人にとって宗教・信仰は、しもべであり道具でもあります。ちょうど季節ごとに服を着替えるように、その場に応じてふさわしく宗教を活用してきました。そこに、キリスト教という頑固で自己主張する（日本人にはそう見える）宗教が入ってくることになりました。

日本人は宗教をどう理解し、何を期待するか

日本人にとっては厳格な宗教よりも、緩やかな信仰的な雰囲気が好ましいとされています。それは自分の生活が何よりも大切であるとともに、長い間、歴史の中でいつも権力者から宗

教を強制されてきた、宗教への嫌悪感があるからです。誰でもそうですが、押しつけられていれば嫌気がさすのは当然のことです。ですから距離を取って、必要なときだけ近づくという生きる知恵を身につけてきたのです。

人々が宗教に期待しているのは、自分たちの願いをかなえてくれることです。これは普通のことであり、日本人特有のことではありません。しかし信仰心は本来、謙虚になって信じる神仏に従う心を育みますが、この国は少し様子が違い、信仰に躊躇する人、距離を置く人がとても多くいます。つまり宗教・信仰の必要性や有用性は認めますが、深入りすることを避けてしまうのです。必要なときだけ近づき、普段は敬して遠ざける生活をします。

また日本人は、特定の宗教は持たなくとも、「宗教心」は大切なものと考えています。恒例の宗教行事にはさほどの抵抗もなく参加します。つき合いでの参加には、躊躇がありません。多くの人が参加している宗教行事、例えば初詣や墓参りなどには何の抵抗もありません。そうした宗教的な雰囲気は好みます。しかし、慣れない宗教行事や集会は、誘ってもいろいろな理由をつけて丁重に辞退されるのが普通です。

日本人には、キリスト教はどう映っているか

現在、キリスト教の信者は少数です。『宗教年鑑』の統計上は人口の一パーセント程度です。宗教としてのキリスト教が認められているとはいえません。ところが時に、新聞などで報じられる宗教への関心では、キリスト教に好意を抱いている人は、十パーセント近くいます。それは、キリスト教が一緒に持ち込んだキリスト教文化、欧米文化へのあこがれが作用しているからです。さらに加えて、明治からこれまでの歴史の中で、キリスト教が果たした文化的な貢献、例えば女性の地位向上、女子教育における貢献や、障害者、高齢者、貧困者への福祉面での働き、さらには音楽や美術などの芸術分野での働きが評価されてきたことによります。

しかし、宗教としてのキリスト教は、前途多難な状況です。それは、唯一神信仰からくる他宗教に対する排斥性、倫理面を強調する近寄りがたさ、毎週の礼拝出席や奉仕の原則への戸惑い、日本の文化や宗教への評価の低さに対する不満、宗教生活を求める堅苦しさへの拒否感などが影響しています。つまり、多くの人にとってキリスト教は、厄介で面倒な宗教の類なのです。

日本人にとってキリスト教は、敬いながらも遠ざけている宗教の域にあります。ですから、根っから嫌いということではないようです。このため、何らかのきっかけがあれば、身近な宗教になる可能性がまだあります。

教会に来るようになった人たちのうち、その理由として多いのは、小さい頃に教会に行ったことがあるとか、ミッションスクールの幼稚園や学校に行っていたとか、家族や友達が教会に行っていたと答える人が多いといわれます。ですから何らかのきっかけがあれば、身近な宗教になる可能性があります。問題は、必要とされるときに、私たちクリスチャンが助けとなれるほど身近にいるかどうかということです。自分が教会に行っていることを知ってもらっているということの意味が、その機会を作ります。

3　教会が地域社会と共に生きるとは

ここからは、一人の牧師としての立場から、教会が、あるいはキリスト者個人が、他宗教の影響を強く受けているこの国でどのように生きたらよいかを考えたいと思います。キリスト教がこの国の人々に届くためのヒントとしていただきたいと思います。

教会が地域の中にあるということ

私たちキリスト者は、地域社会と呼ばれる社会の中で日々過ごしています。教会の所在する場所も同様です。毎日の生活と宣教を、地域社会との関わりの中で築いています。教会という言葉は「この世から呼び出された者たちの集まり」という意味を持っていますが、私たちの教会の多くは、「地域密着型」とは呼びにくい状況にあり、地域の人には何をしているのか分からない状態にあります。それには理由があります。

一つは、教会が、世の中は神のみこころとは異なる「罪と誘惑の世」であると理解しているためです。このために、無意識にこの世と一定の距離を取ろうとしてきました。

二つめには、教会が歩んできたこの世界を「受難と異教の世」と受け止めた、歴史の背景があります。このため教会は、無意識のうちに保身的になることで維持されてきました。

三つめは、教会の近くに住んでいる信徒が少なく、遠くから通っている人が多いことです。かつては教会のそばで生活していましたが、住まいが移ったり職場が遠くなったりして、結果として「通勤クリスチャン」になった人が多くいます。このため、地域での活動が難しくなっています。

しかし、このような状況からの転換の必要性が自覚されつつあります。つまり、教会が世に対して敷居を低くして、近隣の人が来やすいようにすることや、地域のニーズに貢献しながら信仰を証しすることや、これまでの宣教方法を多面的にすることを模索するようになりました。宣教の前に信頼を得ることを大切にしようと考えています。

教会の使命の確認から

日本の教会の中には、以前から地域社会と深く関わる働きを進めてきたところもあります。

社会問題にも強い関心を持ち、言葉と行動をもって働きかけをする教会もあります。そのような教会を「社会派」とも呼んできました。一方で、伝道による教会形成を優先してきた教会を「福音的」と呼ぶ言い方もありました。

私たちクリスチャンは、教会の第一使命が「福音宣教による人々の救い」にあることを知っています。そして、救われた人たちがさらに福音宣教に加わることで、神の愛と救いの知らせを拡大していくことが使命です。その宣教の場であり、かつ信仰の養いと交わりと礼拝の場が、拠点たる教会です。

しかし、地域の人たちが最初から求道心を持って教会に来るわけではなく、教会に来ている人でも何かの理由で再び教会を去っていく現実を見、また今現在において教会に集う人たちも、様々な課題（例えば、老いに伴う課題、障害や病気に伴う課題、経済的な不安に伴う課題）で生きること自体に困難を覚えている状況です。教会が地域の中で果たすべきこと、地域と共に協力すべきことが見えてきて、対応を求められています。もし対応を怠るならば、教会を訪れる人は、努力してもなかなか増えず、かえって諸事情で教会を去る人が増えてしまうことにもなりかねません。教会は信仰の継続の面だけでなく、信徒の生活の課題にも関わることが求められています。

この課題は教会のみならず、地域に根づいているはずの神道や仏教でも全く同じ課題だといえます。檀家制度や氏子制度が崩れつつある戦後においては、特に顕著になっています。かつては地域社会において確固たる地位と役割を持ち、人々に心の支えや信仰的な励ましを与えた神社やお寺が、機能不全の状態になりつつあるのが今の状況です。宗教は今の社会にどう関わっていくのかを模索しています。

教会が地域社会に関わる良い点とは

教会が地域社会に関わることを即断できないのは、うまくいっていない例を見聞きしているからであり、どこから手をつけてよいか分からないからです。下手をすれば、教会の働き自体が崩壊しかねません。このため必要性を知りながらも慎重になり、時機を逸してしまうのです。

教会が地域に貢献することの良い点として、第一に、教会が地域に関わることで、教会に来る方の幅が広がります。普通の集会のアピールでは反応しない人でも教会に出入りするようになり、教会に来てくださる方が増えます。例えば、ゴスペルを歌う会、高齢者のお話と食事会、がんなどの病気を持つ人の当事者会、子育て中のお母さんの会、子ども食堂や、子どもたちの勉強を手伝う会など、地域のニーズを調べて、それに応えることを模索することです。

第二に、教会につながる人の中には、様々な能力や特技を、本人あるいは友人が持っている人がいます。この人たちの協力を得る機会となります。それによって教会の提供するメニューが広がります。例えば、音楽や芸術に関わっている人、高齢者や障害者福祉に関わっている人、学校の先生をしている人、スポーツを得意とする人、書道や生け花をしている人などのつながりがあれば、地域を含めた小グループが作れます。

第三に、教会の従来の働きだけでは、教会に所属する人のニーズを満たせない部分があります。例えばひとり暮らしの人の将来の生活、ひとり親家庭の子育て支援、障害者がいる家庭への配慮、経済的な困難を抱えている人への支援などは、地域と関わることでネットワークを形成できれば、教会の必要を補塡するきっかけにも、教会が地域福祉の場を提供するきっかけにもなります。

第四に、地域の人が、身近にある教会に関心を持ってくださる素地作りとなります。教会が宗教としての面だけでなく、地域のニーズをくみ取る場ともなって、地域から好意的に見られる機会となります。つまり、教会が役に立つことで、親近感を持ってもらえるきっかけとなります。宗教としての接点だけでは、キリスト教に出合える人は限られます。

教会が地域に関わる課題点

教会が地域に関わることの課題の第一は、教会の時間や労力や、時に費用までもつぎ込むことになることです。始めたからには簡単に手を引くことはできません。始める前の見通しが難しいと思います。

第二に、何をどう始めればよいのかと悩むときに、教会の中に一定数の理解者や協力者を得ることが難しい場合があります。牧師が全面的に関わらなくても、最初の立ち上げの時は牧師のサポートが必要です。

第三に、教会の同意と承認を得る必要があります。教会にはいろいろなニーズがあるため、反対や慎重意見が多くありますが、この同意手順を省くと、教会の中に不満や反対が多くなり、牧会自体に支障が出ます。隠れていた課題が表面化することもあります。まず始めるときは、教会内にもニーズがあることから始めて、少しずつ地域との連携を作る方向で広げるのが賢明です。

第四は、教会が地域の人に利用されるだけで、伝道のためには貢献できない状況が生まれる可能性があります。地域の人が教会になじみ、求道に至るには時間も寛容さも必要です。

神道や仏教は地域の共同体の中核を担った

キリシタンの時代を除いて、日本のキリスト教の歴史は百七十年ほどです。これに対して、神道も仏教も優に千五百年の歴史を持っています。その間、神道や仏教は、人々の暮らしを支え、信仰面での励みとなってきました。神道と仏教は異なる宗教であるにもかかわらず、きょうだいのように補い合って人々の暮らしを支えました。必要なときには、孤児院や病院や福祉事務所のような社会福祉的な働きも行い、人々のニーズに応えてきました。仏教と神道は、信仰と生活を分けて考えることはしませんでしたので、自然にその教えは信仰と生活の両面に関わるものでした。

しかし今では（特に戦後から）、神道や仏教が人々の暮らしに密接に関わることが少なくなりました。幼稚園や保育園の運営、盗みなどの犯罪を犯した人への支援は熱心ですが、それ以外の働きは影が薄くなりました。福祉的な働きは行政に任せている状況です。今では、宗教はどの宗教であっても、地域の人々の生活支援を積極的にしていない様子です。このことが、日本人の宗教離れにも深く影響しているのではないかと思います。一方で、地域が抱えている問題は、肝心の地域社会や行政の力だけでは対応できません。地域の結束力は弱くなり、高齢化と少子化は進み、行政も財政難です。地域の宗教とは、宗教に基づく共同体ですので、地域に住む人たちの課題の改善・解決に協力しながら、併せて信仰の啓発のきっかけ作りを模索する必要があると思います。現実において信仰と生活が分離しています。

4　日本の生活文化とキリスト者

日本は私たちキリスト者にとって母国ですが、キリスト教の視点から見れば、異教の世界です。この国で生活するうちに慣れ親しんだ神道や仏教という宗教的な環境、人生儀礼や年中行事の習慣に対して、キリスト者としてどのように振る舞っていけばよいのかと戸惑うことが時々あります。これは信仰生活を開始する当初は、予期していなかったことです。そこで、日本の文化とキリスト教の視点からこの国のことを学びましょう。

日本の文化や宗教に対する理解と距離の取り方

日本の文化や宗教に対してどのように考え、対応するかは人によって違っています。キリスト者になる以前の姿勢を続けながら、個人の生き方としてはキリスト教を受け入れている「従属型」と、逆にキリスト教とキリスト教的な文化の中に居心地の良さを感じ、日本的なものを排除する生き方の「断絶型」のどちらかを選択する人が多く見られます。しかし、双方に問題・課題があります。私たちは、主イエスがイスラエル社会において、どう生きられたかを学ぶ必要があります。主イエスは神のみこころが何であるかによって判断し、社会の文化・習慣を、時に受け入れ、時に拒否する対応を取られました。それを「対決型」と呼ぶことができるでしょう。

日本におけるキリスト教文化の構築

私たちはまず、本来のキリスト教と、キリスト教文化と呼ぶものを見分ける必要があります。つまり、聖書に根拠・起源を持つ考えや習慣・行事と、キリスト教の歴史の中で登場した習慣・文化の区別です。そのうえで、日本におけるキリスト教の文化・習慣と呼べるものを作っていきましょう。このためには、日本の文化や宗教、習俗のことを教会が学ぶ必要があります。もし伝統や習慣が異教的な起源を持つゆえに退けられるとしたら、日本の儀式や習慣や行事のほとんどが宗教的背景や迷信的な背景を持っていますので、この国ではキリスト者は暮らしていけなくなるでしょう。かつてキリスト教が、ローマ世界に宣教を開始した時、当時の異教的な習慣や行事を、キリスト教の習慣や行事に変革していったことを思い出してください。ある部分は捨て去り、ある部分は新しい意味づけをして取り込んでいきました。クリスマスなどはその一例です。日本の宗教は、先祖や自然への畏敬の念が強いこと、現世利益や多くの信仰を抱えること（重層信仰）をよしとすることに特徴があります。

偶像礼拝に要注意

日本においてキリスト者が信仰生活を送っていくうえで大切なことは、特に「偶像礼拝」にならないように気をつけながら、日本の文化と向き合っていくことです。

このことはすでに、仏教が千五百年の歴史の経過の中でやってきたことです。例として葬儀のことを取り上げてみましょう。仏教は当時すでに日本にあった祖先崇拝を、仏教的な作法のもとで、「葬儀と法事」の先祖供養として浸透させていきました。神道の関心が薄かった葬儀という分野を、人々のニーズに応える形で充足させたのです。

キリスト者として、仏式の葬儀を考えるうえで注意を要するのは、「焼香」と「拝礼」です。これらの儀式に偶像礼拝の危険性を感じて遠ざけてきました。日本のキリスト教会は、葬儀を行うにあたり、通夜に代えて「前夜式」を、香典に代えて「お花料」を、焼香に代えて「献花」を、法事に代えて「記念会」を作り上げました。これらは単に形や名前を変えたというのではなく、意味づけを変えて人々に提供したのです。

このほかにも、初詣に代えて「新年礼拝」を、七五三に代えて「子ども祝福式」を、神前結婚式に代えて「チャペルウェディング」を提供しています。

キリスト者として他宗教をどう見るか

キリスト教にとって、日本の仏教や神道や新宗教は異教です。私たちキリスト者は、神の啓示の書として聖書を受け取りました。しかし、それと同時に、他の宗教の教義にも真理は含まれています。神が与えた知恵と霊性によって見出した、神の真理を含んだ信仰です。よって、他の宗教だからといって頭から否定したり、学びもしないで拒否したりするのではなく、その信仰からも学びうることが多くあること、キリスト教と共通する内容が多くあることを知る必要があります。こうした姿勢が、日本人がキリスト教へ心を開く機会となります。

私自身も仏教や神道系の学校で学ぶ機会を与えてもらいました。その学びを通じて、日本人の信仰や考え方や価値観を知る機会を得ました。義務教育だけでは、日本の地理や歴史を学べても、日本人の心情や価値観までは学ぶことができません。しかし、民俗宗教とそれから生まれた神道、また日本の仏教を学ぶことで、日本人の心のルーツのようなものに触れることができます。日本で暮らすキリスト者として、日本の価値観や人生観を形作ってきたこれらの宗教と、キリスト教を比較する機会は必要です。

そして、私たちクリスチャンは他宗教や無宗教の人たちも、神に愛された人たちであるという事実を忘れないようにしたいと思います。キリスト教は一方的・独断的ではないかと受け止められると、人間関係すら築くことができません。事実として、神の愛はすべての人に注がれており、キリスト者はその恵みを少し先に受けた者たちであり、その恵みを他の人と分かち合うことが期待されています。これがキリスト者の使命・務めと呼ばれるものです。

日本を知って伝道に活かす

日本で暮らしながら、キリスト者としての喜びと自信を持って生活するにはどうすればよいのでしょう。それにはまず、自分の暮らしているこの国の文化や宗教についての理解を深める努力とともに、自分の信仰を確立することを心がけるという両面が必要です。それは、普段の生活の中で、神との交わりである祈りを欠かさないこと、みことばにより新しくされた自分の育成を続けること、自分が置かれている場に対する使命の自覚を持つことです。

信仰を持って二、三年で教会を去っていったり、あるいは教会と距離を取るようになったりするのは、その人の未熟さだけでなく、キリスト教に「生きづらさ」を感じるからではないでしょうか。外来の宗教であり、土着の宗教の先輩に当たる仏教は、日本に定着するのに実に七百年以上の時間を要しました。キリスト教は明治から数えれば、まだ百七十年にすぎません。いまだクリスチャンは一パーセントと嘆く必要はありません。まだ始まったばかりと考えてください。この国は宗教に対して、極めて保守的な反応を示します。ましてやキリスト教は、日本人が好む宗教とは異質な部分を多く持っています。自分の信仰に磨きをかけるとともに、自分の国を愛する心を育みつつ、証しの機会を待つことにしましょう。この国でキリスト者として置かれていることに、喜びを見つけられる信仰を養いましょう。

おわりに・感謝の言葉

教会の牧師として働く中で比較宗教を学んできたことは、伝道・牧会で直接役立つ機会は少ないように思います。礼拝の説教で仏教や神道の話をするわけではありませんし、宗教論争をすることもありません。しかし、説教の準備の中で、日本の宗教的な背景を踏まえて話し方を工夫することがありますし、教会の集会や個人面談の中で、日本の宗教的な背景を説明する機会もあります。つまり比較宗教は、表には出なくても、裏方で役割を担っていると考えています。教会に長く来ている人は、日本の宗教的な背景に関心があまりないでしょう。しかし、私たちの国は間違いなく、仏教や神道や新宗教の満ちあふれた社会です。その影響から逃れることはできません。

他宗教を無視して、この国で過ごすことはできません。よって好まなくとも、他宗教のことは知っておいたほうが、自分のためにも証しのためにもよいと思います。今の時代は、少し大きな書店に行けば、またキリスト教の書店に行けば、比較宗教の本を見つけることができます。学問的な比較宗教の本もあれば、実践的なハウツー本もあります。しかし、キリスト者に必要なのはその中間であって、「現実の信仰的な課題」にヒントを与えてくれるものだと思います。この本が、異教社会でキリスト者として生きていくうえで励ましを与えてくれるもの、また求道中の方にキリスト教と他宗教との違いや共通性を示してくれるものの一冊になればと願っています。

本書に記した各テーマは、教会の方から質問を受けたこと、また教会から問いかけられたことを中心にしてまとめています。比較宗教ですから、基本的な立場はキリスト教であっても、仏教や神道や民俗宗教に敬意を払いながら記したつもりです。皆さんが、自分のために、また証しのために活用してくださることを期待しています。また、教会の学習会で自分たちの信仰を確認するために活用してくだされればと願います。私たちは、この日本で生活しています。長い歴史と伝統を持った仏教や神道の影響と無関係で過ごすことはできません。キリスト教信仰が日本に着実に受け入れられるために、教会としてどんな工夫、アピールが必要なのかを一緒に考える機会としてください。

勝本正實

著　者

勝本正實（かつもと・まさみ）

1950年（昭和25年）熊本県に生まれる。献身して聖契神学校に学ぶ中で、仏教に強い関心を持ち、伝道に役立てたいと願うようになる。

神学校卒業後、立正大学仏教学部（日蓮宗）を卒業。併せて僧階課程を修了。その後仏教大学で仏教学（浄土宗）を専攻。神道や民俗宗教の学びの必要を覚えて、神道宗教学会に加入し現在に至る。

郷里熊本で13年間伝道・牧会の後、1990年から千葉県流山市で開拓伝道を開始。のちに日本聖契キリスト教団に加入し、1996年から聖契神学校講師（比較宗教・日本教会史）を担当している。

伝道・牧会の中で障害者や高齢者にも使命を覚え、社会福祉法人（２か所）やNPO法人（３か所）を設立する。現在、障害者のための「自立サポートネット流山」の理事長と、ほかに３つの法人の役員を担当している。社会福祉士、精神保健福祉士、相談支援専門員の資格をそれぞれ取得。現在、新秋津教会の協力牧師。

著書に『日本人の生活習慣とキリスト教』『日本人の「心」に福音をどう伝えるか』『日本人はなぜキリスト教を避けるのか』『日本の宗教行事にどう対応するか』『病める社会の病める教会』（以上いのちのことば社）等がある。

聖書 新改訳 2017©2017 新日本聖書刊行会

知っておきたい
日本の宗教とキリスト教

2018年4月20日　発行
2019年4月20日　再刷

著　者　勝本正實
印刷製本　シナノ印刷株式会社
発　行　いのちのことば社
〒164-0001 東京都中野区中野2-1-5
電話 03-5341-6922（編集）
03-5341-6920（営業）
FAX03-5341-6921
e-mail:support@wlpm.or.jp
http://www.wlpm.or.jp/

ISBN 978-4-264-03897-9